JN011829

ことばの「省略」とは何か

ユン ソンヒ
尹盛熙 著

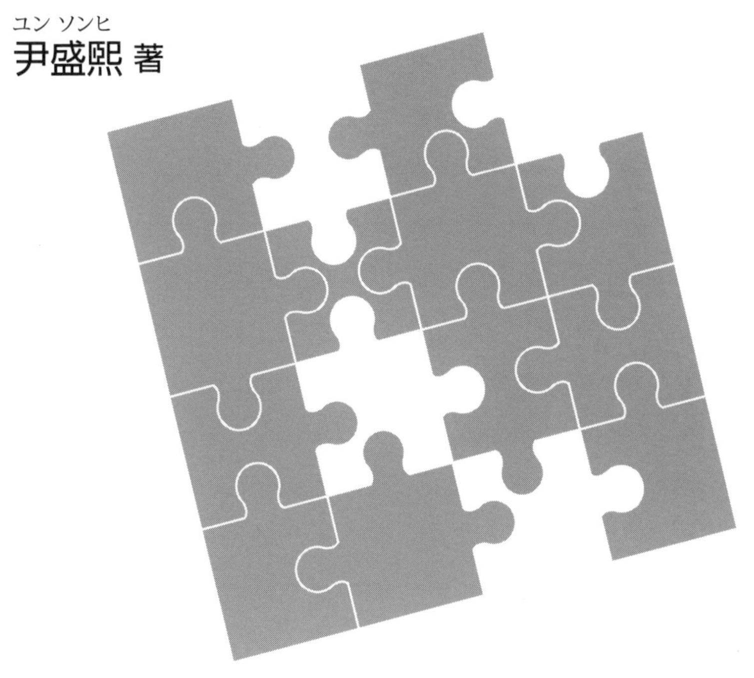

大修館書店

はじめに

この本で扱う現象は，「省略」である。話の中ですでに出たことや，話の流れ上，言わなくてもお互い分かっていそうなことなどをあえて言わずに省いてしまうことは，誰もが常にやっていることである。そもそも私たちは頭の中にあることをすべてことばにしているわけでもないので，究極の話，「総ての文は省略文[1]」であるともいえる。

自分の感情や意見，要求など，何らかの「メッセージ」を伝える際に，また相手からのメッセージを理解する際に，私たちはことばを使う。ことばを使うコミュニケーションは日常生活で行う様々な活動の多くに関わっていて，その形も多様である。直接会って話をすることもあれば，ラインやメールを送ることもある。レポートを提出するのもまた，文字を使って先生とコミュニケーションをしていることになる。「話す」「書く」だけでなく「聞く」側や「読む」側に回ることも，同じくらい多い。

ことばによるメッセージのやりとりをするとき，送る側は送るのに，受ける側は受けるのにエネルギーを使うことになる。さらには，時間もかけなければならない。例えば音声を使う話しことばの場合，じれったいことに音は一度に一つずつしか伝えられない。どれほど緊迫した事態に見舞われていても，人間の発声器官は「たすけて」の「た」「す」「け」「て」という四つの音を，同時に出すことはできないのである（仮に「たすけて！」と同時に発声できたとしても，聞き取ることができないだろう）。話が長くなればなるほど，「時間」の消費は激しくなる。時間とは，泣いても笑っても一人につき一日24時間しか与えられないから，相手にとっても自分にとっても「限られた資源」だ。いつまでもことばを並べ立てて，互いの貴重な資源を消耗することはできない。相手がいつまでも聞いてくれるわけでもないし，自分だって体力に限界があるわけだから，ずっと話し続けられるものでもない。

1）大塚高信（1938）『英文法論考－批判と実践』研究社。

そのような事情がある一方で，誰かに話したいことがたくさんあるのも事実である。「いってきます」や「こんちわ」，「3限，入ってる？」など，日常を営むために必要な最小限のことばだけではない。昨日ラーメン屋で偶然お笑い芸人を見かけたことも，気になるあの子がそっけなかったことも，友達に聞いてもらいたい。それにどうせなら，「うまく伝えたい」とも思う。SNSに写真をアップするときは，できれば気の利いたひと言でも添えてみたい。自分の気持ちにピッタリのことばを探し当て，文章に練り上げて上手に伝えられたらいいのに，とも思う。もっと極端に言えば，いちいちことばなどにしなくても，考えていることを分かってもらいたい気すらしてくる。「そんなこと，いちいち言わないと分からないの!?」という魂の叫びが生まれるゆえんである。

できれば「時間と労力は節約したい」，でも「できるだけたくさんの内容を伝えたい」。これが人間の言語行動の根底にあるもっとも強力な動機の一つである。そうなると，省けるものを省いた，短いながらも多くを語るようなことば使いは，そのような動機に合致しているように思われる。例えば「感動した」[2)]や「チョー気持ちいい」[3)]など，短くてインパクトのあることばは人々の印象に残りやすく，後々まで語られたりするわけである。

ただし「省く」といっても，単に短くすればよいというものでもない。そこには優先順位による取捨選択が発生する。例えば「私はあなたの健闘ぶりに深く感動いたしました」の中から，何を省いて何を残すのかを考えることになるのである。

本書で追求するのは，「何を，どこで，なぜ省くか」と，「それで何をしたいか」という疑問である。何をどこで省くのか，という疑問に対する答えは，実際に発せられたことばの中から「何か，あるべきものがない」と感じる例を拾っていくことで見えてきそうなものである。ただし，これも

2）小泉純一郎元総理大臣が，大相撲の2001年の夏場所で負傷を押して勝利を手にした力士に贈った賛辞として有名である。

3）競泳選手の北島康介が2004年の夏の五輪大会で金メダルを獲得した後，インタビューで語った喜びのコメントで，後にその年の流行語大賞にも選ばれた。

「省かれてそこにないもの」，つまり「実際には見えないもの」を見ようとしているわけだから，いうほど簡単でもない。

一方で「なぜ省くのか」は，一見明確であるようでそうでもない。「一度出たから省く」「言わなくても分かりそうだから省く」などは典型的な理由といえるが，「分かりそうだ」の基準がいつでも相手と一致するわけではない。またそれ以外にも理由はありそうで，例えば10個ほど例を思いついたとしても（時間の都合などで）二つだけに言及することもあるし，発音しづらい部分は落としてしまったりもする。さらに，「そのように省いて，結局何をしたいのか」「どうなったのか」という疑問になると，答えを求めるのはさらにややこしくなる。

この本では，ことばを使う人間が「省きたい」「語りたい」という二つの相反する欲求の間でバランスをとる中で，省略という戦略をどのように活用しているかを考えたい。また，普遍的な動機に裏付けられながらも，日本語や韓国語といった個別の言語を観察すると，意外と省略のあり方が異なることや，そこにその言語が持つ特徴が透けて見えること，さらには省略が長い時間の流れの中で，何らかの言語変化を促す役割をすることも紹介していく。

まず第1章では，本書で取り上げる現象の背景や問題意識について紹介する。続いて第2章では日本語における省略の具体例を紹介しながら，ことばのやりとりの中で見られる省略の様相について述べる。そして第3章では，様々な場面に現れる省略の特徴を通して，第4章では日本語とはやや異なる様相を示す韓国語の例を通して，省略現象に対する理解を深める。第5章では，時間の流れとともに起きることばの変化と省略の関係を説明し，第6章ではまとめに代えて，私たちがコミュニケーションにおいてことばをどのように送り，読み取っているのかという点にまで「風呂敷」を広げてみることにする。加えて各章の最後で，私たちの周りの世界を言語という記号を使って切り取る際にどのような工夫がなされているのかを理解してもらうため，いくつかの面で対照的な二つの概念を一組ずつ紹介していく。

目次

ことばの「省略」とは何か

第1章
省略に対する基本的な考え方

1.1 「欲求」と「効率」，そしてコミュニケーション

一部から全体を読む

私たちが言語を用いて意思疎通を図るとき，まずは相手に伝えたい内容として「メッセージ」があり，その内容をことばにして送る側，そしてそれを受け取って解釈する側が存在する。メッセージの送信者と受信者の間で言語記号による情報のやりとりが行われる，というのが「言語コミュニケーション」に対する伝統的かつ基本的な考え方である（Shannon & Weaver 1949）。

このように言語コミュニケーションが行われる際，送信者も受信者も互いに時間と労力を調整しながらやりとりを続けられるように努めることになる。例えば送信者（話し手または書き手）側は，繰り返しになる情報や，あえて言語化しなくても他の要素から伝わると判断したものは省くなど，効率のよいやり方でメッセージを伝えようとする。一方でそのメッセージの受信者（聞き手または読み手）もまた，送信者からの言語メッセージを解釈する際，それまでの文脈やコミュニケーションが行われる状況などの様々な情報から判断して，省かれているものを補い，メッセージを適切に理解しようと努めることになる。どのような場面であれ，関わる情報すべてをことばにすることはできないから，実際にやりとりされる情報は一部

に限られるというわけである。

限られた情報から全体像を把握することは，言語コミュニケーションに限らず，人間の思考や行動全般において普通に行われることである。例えば以下の図は，どのように見えるだろうか。黒い円が三つ配置された中心に，同じ大きさの正三角形二つが上下反対に重なっていて，上向きの三角形の各頂点がちょうど黒い円の一部を隠している，というのが一般的な見え方だと思われる。

図 1　Kanizsa の三角形（Kanizsa 1979）

しかし実際のところ，この図を構成するパーツは，一部が欠けた黒い円三つと真ん中が折られた黒線 3 本だけで，正三角形はどこにも描かれていない。六つのパーツがうまい具合に配置されたことで，実際には存在しない正三角形二つが見出されるのである。私たちはこの図を見る時，すでにもっている円や三角などの図形の知識に基づいて，各パーツを頭の中で完成させて認識しようとする。その結果見出される正三角形は「主観的輪郭」とも呼ばれるが，人間の知覚に「見えたものをまとまりのある図形としてみようとする」傾向があることを表すものである（小山他 2016)。このような認識の仕方はゲシュタルト心理学で「体制化の原理」，「閉鎖性の要因」として説明される。同じものであっても，それが「ある全体の一部」であるように捉えた方が人間には理解しやすいのである。

言い換えると，人間は情報を処理するときに一部から全体を推測するように習慣づけられているということになる。ある判断を迫られたとき，関連する情報すべてを集めてから決断することは不可能なので，人間が生きていく上でもこのような情報処理及びそれに基づいた行動様式は必要となる。そのような行動様式は，人類がまだ自然の中で生活していた原始時代から生存に有利なものだったはずである。向こうの茂みが揺れるのを見ただけで，「茂みの中にライオンが隠れているかも」と考えて逃げ出した方が生き残る確率が高い。それだけでは本当にライオンがいるかどうか分からない，という理由でその場に留まれば，その存在を身をもって確かめる羽目になる恐れがある。ただし，茂みの中には実は何も隠れておらず，一目散に逃げたところで無駄に体力を使ったことにしかならない場合も，もちろんありうる。一定の資源を無駄にするかもしれないという「リスク」を払っても，早めの判断及び行動で危険を避けるのが長期的には「効率がいい」ということである。

単語は文章ほどに物を言う

私たちが言語を使う際も，同じ原理が働く。相手から向けられることばはそれがすべてではなく，意図するメッセージを構成する一部であるはずだという了解のもとでやりとりをする。だからメッセージの内容はすべて言語化せずに，お互い「全体が分かるような一部」だけを差し向ける。例えば，お昼休み直後に友達との会話で昼食はどうしたのかと聞きたいとき，「お昼は？」と言うだけでも友達から「生協でカップ麺」と答えてもらえる。「お昼ごはんはどこで何を食べたのか」と聞く代わりに「お昼は？」だけでも十分伝わり，相手も「生協でカップ麺」とだけ答えるが，「生活協同組合の売店でカップ麺を購入して食べた」の意であることが伝わる。つまり，一部だけでも全体が伝わりそうであれば一部だけ伝えるし，相手も一部から残りを推測して意図されたメッセージを把握しようとする。時間も労力も限られているから，その方がお互いにとって得なのである。

もちろん一部だけを見て推測した内容が，常に正しいとは限らない。日本語のことわざについて知識をもっていれば，「猫に…」という出だしだけで「猫に小判」と続きを連想するのは難しいことではないが，「猫に…」

を見て「猫に小判」の方ではなく「猫に鰹節」を連想した（少数派の？）読者諸君もいるかもしれない。二つのことわざは意味が正反対なので，読み間違えると代償が大きい。早とちりしてしまうことや，そもそも相手の言っていることが分からない，などのミスコミュニケーションが発生する恐れは常に存在する。揺れる茂みに怯えて逃げるのと同じく，言語使用でも早い判断にはそれなりのリスクが伴うということである。

言語コミュニケーションのあり方には様々な要因が影響するはずだが，時間と労力の消耗を抑えるという単純明快な動機が働くのは，どの言語においても普遍的であると考えていいだろう。このような「省エネ志向」は，最小の労力で最大の情報を伝えるという「効率のよい情報伝達」につながるが，基本的に次の二つの方向で実現できる。一つは発話の長さを縮めることで，もう一つは言語単位当たりの情報量を増やすことである。つまり，単純に使う資源の絶対量を減らすか，使うとすれば同量の資源で相対的に多くの効果を上げる。基本的にはたくさんの情報を盛り込むにはその分だけたくさんの形式を使う必要があるから，長さを縮めるほど情報量は減ることになる。だから，短い形式にできるだけ多くの情報を詰め込むようなやり方は，非常に効率的な言語戦略となる。いうなれば「圧縮度の高い」形式を作るということでもあるが，古くは電報から，新幹線の車内ニュースや外国映画の翻訳字幕，ツイッターのように文字数の制限があるものなど，限られたスペースに様々な情報を載せなければならないようなテキストは，そのような形式の代表例として挙げられる。

効率のよい形式を作りだす上では，まず，何らかの理由で「言語化の必要なし」と判断したものは省く作業と，省かずに残した情報を，該当言語において適切な形式としてまとめあげる作業が行われることになる。前者は情報内容の取捨選択に関わる問題で，後者は言語化の際にどのような構造・形式を取るか，という問題である。これまで「省略」と考えられてきたものは前者に当たるというイメージが強かったが，実は後者にも深い関わりをもつのである。

1.2 「省略」はどのような現象か

一般的に言語における「省略」は，繰り返しになる情報や，あえて言語化しなくても文脈などの他の要素から伝わると判断したものは省くなど，なるべく効率のよいやり方で，意図したメッセージを相手に伝えようとする行為として認識される。

省略は話し言葉・書き言葉を問わず頻繁に観察されるものであり，興味深い現象も数多く存在するが，分析に際しては少なからず難点があることがこれまでの関連研究でも指摘されてきた。それはある文を見たり聞いたりしたとき，何かが省略されたか否かを判断することが容易ではないため（久野 1978，高橋 1993），現象の範囲や概念を明確に規定するのが思いのほか難しいからである。

(1)　A：電話，かけてみた？
　　B：2 回も。

例えば上記の「電話，かけてみた？」という質問では，想定される完全な文構造を基準にし，助詞「(電話）を」や，疑問文につく終助詞「(かけてみた）か」などが省かれていると考えることは可能である。それは日本語母語話者であれば，「電話」が「かける」という動詞と一緒に使われると，普通は目的語を示すのに「を」という助詞を伴うことを知っているし，上昇のイントネーションでこの発話が疑問文であることも分かるので，残された「カケラ」から元の文（とおぼしきもの）を想定することができるためである。

しかし見方によっては，この質問文に「○○が」で記される主語や，「△△に」のように電話のかけ先を示す成分が欠けていると考える人もいるだろう。そのような情報はそもそも文章に「カケラ」も登場していないので，もともとなかったのか，あったけれども省略されたのかは分かりようがない。さらに，この発話の状況によっては「いつ」「どこで」などの付帯的な情報が足りないという解釈もありうる，…というふうに広げていくと切りがなく，どこまでを「省略された」と見るかは明確に規定しにくいことになる。一方，質問への答えでは，「2回も」の後はおそらく質問に出てきた動詞「かけた」が続くだろうからあえて繰り返さない，という認識が会話当事者の双方にあるだろう。しかし，もし答えが「うん」だったらどうだろうか。その「うん」から何が省略されているのか，を明らかにするのは実は簡単ではない。内容的に「かけたよ」などが補足できるのは確かだが，「うん」が相手の質問に肯定する意図を伝えるシグナルであることを考えると，それだけで完結しているともいえるからである。

すなわち，「何かが省かれている」という直感は働くかもしれないが，何を客観的な基準としてそれを「省略」とするかは，判断があいまいになる場合も少なくないのである。そもそも人間が頭の中にあることをすべて発話にしているわけではないと考えると，突き詰めれば「総ての文は省略文である」（大塚1938）という意見にもうなずける。頻繁に見られる現象でありながらも基本的な概念を定義するのがなかなか難しいということが，この現象の研究を困難にしている一つの要因である。

従来の分析では，欠けた部分を読み手・聞き手がどう補うかに関して省略された情報の「復元」を想定することもあるが，すでに見たように復元の選択肢は一様ではない。また，ふだん私たちが交わしている日常会話などでは，「何かが省略されている」と断定することも簡単ではないし，仮に省略が起きているように見えても，本当の意味で「省略前の状態」を確認する客観的な手段はないと言える。通常の会話において上記の例文の「省略前のバージョン」は，それこそ話し手の頭の中にしか存在しないからである。省略前の状態を確認する方法がないまま，「何を省いて何を残し，当該言語において適切な形式としてまとめあげるのか」というプロセスの問題を考えることは困難であるのは言うまでもない。

「省略」と呼ばれる現象は，メッセージが表す意味とそれに用いられた形式が一致しないことから多くの興味を集め，関連する現象を記述する試みがなされてきた。英語の場合，英文法の体系的な記述の中で取り上げられる（Quirk et al. 1985, Halliday & Hasan 1976）だけでなく，省略現象の全般的な特徴とそれがもたらす様々な文体を重点的に観察した研究もある（Wilson

2000)。

しかし上記に指摘した限界もあり，分析対象の範囲を典型的な現象に限定する傾向が強かったのは否めない。関連現象の研究は言語学の様々な分野で行われているが，主に統語論という分野で盛んに取り上げられてきた。句や文の構造とそれらが作られる規則を研究する統語論においては，それこそ（1）のように，先行文には現れている文中の特定成分が，続く文では欠けるという現象が重点的に取り上げられてきた。基本的に完全な文の形を想定し，それが実際に「音声を伴って実現するかどうか」で省略文かそうでないかが決まるとして，省略前の文（「深層構造」）に何らかの規則を適用することで省略文（「表層構造」）を導き出すという立場であり，分析の主眼点はその統語規則がどのようなものかを明らかにすることにおかれている（Merchant 2004）。

そのようなアプローチでは，実生活で頻繁に接するタイプの現象が分析対象とならないことが多く，「メス！」などの一語文や，見出しなどに見られる「日米首脳 会談開催で合意」のような電報形式（telegraphic style）は，例外的な現象とされることが一般的だった（Craenenbroeck et al. 2019）。

このような統語論のアプローチに対して語用論では，実際に情報の欠落が想定される例では，省略された要素の復元が統語論や意味論の原理に支配されるだけではないことを指摘している（Levinson 2000）。文脈などから欠落情報を推測できるという特徴から，語用論の射程である談話レベルの現象として取り上げる試みが見られた。例えば久野（1978）は，「省略される要素は復元可能でなければならない」「新情報より旧情報が先に省略される」という原則を，談話における省略の根本原則として挙げている。しかし省略が行われた動機や，省略前の形式と省略後の形式における意味的な違いなどについての詳細な分析は，さほど見られないようである。

その他にも，省略される言語単位が音や音節である場合，略語の作り方などのテーマが注目されてきた（窪薗 1995，森 2002）。さらに長文の中で繰り返し登場する語句の縮約された形式を分析するもの（石井 2007），外国映画の翻訳字幕や新聞見出しなどの特定ジャンルを対象に省略の行われた方式を観察した研究も見られる（野口 2002，尹 2015，尹 2016 など）。また，自然言語処理の分野においては，圧縮度の高い形式の機械的な処理または作成を目標とする研究が行われ，新聞見出しやツイッター，新幹線の車内ニュース文などの解析・翻訳または自動生成のアルゴリズムを作る研究などが進められた（山本他 2005）。

頻繁に見られる現象でありながらも統合的なアプローチが少なかったのは，すでに指摘したような概念規定の難しさに加え，言語学の方法論の性質にも原因があるだろう。すなわち，文章や発話における文法的な適格性を基準に，非文法的な要素を見出すことを分析の手法とする流れにおいては，完全な形をなしていない文は「例外的なもの」として扱われ，相対的に注目されなかったように考えられる。しかし実際に見られる文は，いわば完璧な文章のみならず，規範的な基準に照らせば「非文」または「誤用」とされるような例も多く，近年より実情に近いデータに注目する雰囲気も高まっている。省略の諸現象を分析することは，言語生活の実態をより多く反映した研究につながると考えられる。

「自然な」不完全さ

省略の様相は，特に形式的な側面を問題にする場合，それぞれの言語の意味的・構造的特性に大きく影響されるものと予測できる。何かが省かれた不完全な文章といえど，母語話者の直感に照らして許容しやすいものとそうでないものの区分は行われるし，ある言語でよしあしを判断する基準が他の言語にも当てはまるわけではない。つまり，不完全さにも各言語の特性による違いが現れる，ということである。

例えば，英語と系統的に近い言語であるオランダ語，フランス語，ドイツ語は，英語とは省略の様相が異なることが知られている（Craenenbroeck et al. 2019）。これらの言語は「インド・ヨーロッパ語族」と言われ，構造的に多くの共通点があるため，英語の文章とほぼ 1 対 1 で対応するような文が作れる場合も多いが，省略文の構造では違いが見えることが指摘されている。英語文（2）では，下線で記した二つ目の文章「but Maria hasn't.」で見られる通り，先行する文の動詞句「read *War and Peace*」を繰り返さないことができる。一方でオランダ語（a），フランス語（b），ドイツ語（c）

では，繰り返される動詞句を省略した文は非文とされる。

(2)　Susan has read *War and Peace*, but Maria hasn't.

(3) a　*Susan heeft *Oorlog en Vrede* gelezen, maar Maria heft niet.
　　Susan has war and peace read but Maria has not

b　*Susan a lu la *Guerre et la Paix*, mais Maria n'a pas.
　　Susan has read the war and the peace but Maria not has not

c　*Susan hat *Krieg und Frieden* gelesen, aber Maria hat nicht.
　　Susan has war and peace read but Maria has not

(Craenenbroeck et al. 2019)

これは何も，英語が他の３言語に比べて省略を頻繁に行う言語だということを示しているわけではない。この現象とは逆に，英語では省略できないものが他の言語では省略できるケースもある。以下の英語例（4）は，下線部の「Mary bought a green.」において，繰り返される目的語の「bike」を省略することができないことを示しているが（普通は代名詞の「one」などを代わりに使う），一方で同じ構造のオランダ語文では繰り返される目的語は省略可能であるという。

(4)　*John bought a blue bike and Mary bought a green.

(5)　Jan kocht een blauwe fiets en Marie kocht een groene.
　　Jan bought a blue bike and Marie bought a green
　　'John bought a blue bike and Mary bought a green one.'

(Craenenbroeck et al. 2019)

（2）（3）と（4）（5）どちらの場合も，「先行文に一度出ているものは省きやすい」という一般原理が当てはまる点では同じだから，少なくとも情報量の観点からは，特に省略文にできない理由も無さそうである。それでも各言語の省略文で「言えるか，言えないか」が分かれるということは，情報内容の復元可能性とは直接関係のない何らかの「制約」が個別言語のレベルで存在していることを意味する。ちなみに上記の例を日本語で考えてみても，どの部分が省略できるかは微妙に異なる。(2) の英文については，日本語でも繰り返される本のタイトルは省略できるが，英語と同じように「読む」という動詞を落とすことはできない（「*スーザンは『戦争と平和』を読んだが，マリアは__なかった」）。

すなわち「繰り返しの部分は省ける」という，どの言語でも普遍的に適用できそうな原理でも，言語が異なると事情も変わるわけである。コミュニケーションの効率化を主な動機としながらも，単純に発話の中から何かを切り落として短くするだけではなく，一つの言語の中でも様々な要素が関わり合うことによって現象ごとに異なる様相を示す。どのような形式をもって省略が実現するか，その言語として自然な省略文になるにはどの部分は削ってよくて，どの部分は残した方がいいか，という部分が言語によって一様ではないことになる。文法的に共通点が多いことで知られる日本語と韓国語においても，省略の諸現象を比べてみると両言語で微妙に異なる部分が見えてくる。

ところが従来の研究では，省略に関わる個別の現象を指摘するものは多いが，身近な例までを含めた幅広い省略現象に対して異なる言語を比べるという対照言語学的アプローチは，あまり見られない。効率的な情報伝達というニーズとそれを実現する戦略として，より広い観点から省略現象を捉えるためには，省略の諸相や関連する多様な現象を観察し，その様子を個別言語の構造的特性と結び付けて考察することが必要である。

1.3　欲求 vs. 効率

従来の省略研究では，見出しや広告文，一語文などのように規範的な基準に合致しない文は，省略現象として言及されながらも，分析の中心に置かれることは少なかった。「telegraphic style」などの名称からも分かるように，こうした例は特定ジャンルの専属物として扱われてきたが，なぜそのジャンルで不完全さをもつ形式が定着したのかという疑問は残る。時間的・空間的制約などから形式面の経済性が求められる，言い換えれば「軽量でコンパクトな言い回し」が必要となるのは当然として，なぜ今のような形をとるのか，については，考えてみる必要がある。

「効率のよさ」の裏返し

言語形式を使ってメッセージを組み立てるのは，その内容を構成する様々な情報のどのピースを言語化するのかという問題になる。効率のよい言い回しにしようと思えば，何かは切り落として何かを残すという取捨選択の過程が必要になるはずで，この過程には必然的に「何をより重要に思うか」という優先順位が反映される。長さが限られるのであれば，できるだけ重要なものを残そうとする。優先順位については，その場のコミュニケーションを成り立たせる上で核心となる情報が上に来る，という基本的な認識がありそうである。

ただし話はこれほど簡単ではない。「効率」といっても，それは誰にとってのものかで異なる。話し手の効率のよさは，聞き手のそれとは一致しないこともある。言語形式の長さを節約することが情報を発信する側である話し手にとって利点となるのは確かだが，形式が短くなるにつれて言語的手段で表現できる幅は狭くなるしかない。そうなると必然的に，情報を受け取る聞き手側にとっては形式が短くなった分，理解の過程で仕事が上乗せされる。つまり話し手の「効率のよさ」は裏を返せば，聞き手の負担となるのである。言語を使うコミュニケーションの場面では勘違いや誤解の可能性は常にあるが，聞き手の負担が受け入れ可能な水準を超えると，理解不能に陥り，メッセージの伝達は失敗することになる。

ミスコミュニケーションのリスクを減らすには，より多くのことばを使った明示的なメッセージにするのが手堅い方法だが，それでは表現の経済性が保てなくなる。いろいろなものを言語表現として盛り込みたい欲求と，資源を節約しながら情報伝達を図るという効率の追求，お互いに矛盾する要素が拮抗するのである。その間で適切なバランスを維持するために様々な方略がとられることになる。例えば省略が起きると，省略前の形式にはなかった新しい意味・機能を担うようになることがあるが，これは省かれた情報の欠落を埋める補完的な手段が働くということである。欠落をどのようなやり方で補填しながらそのバランスをとるのか，どの方向でとるのか。そしてその結果で省略の様相は言語ごとに違うことになる。

本書で焦点を当てるのは，この部分である。何が省略で何がそうでないか，「省略」という用語が言語学や特定理論の中でどのように定義されるべきかを学術的に明確にすることは重要だが，ここでは省略と呼べそうなもので私たちが何をしているのか，を中心にすえたい。

したがって「省略」という用語についても，意味を限定しないで用いることにする。「省略」という用語は一部の分野で「元の構造から派生する」といった立場で使われているので混乱の恐れはあるが，関連議論に詳しくない一般読者のために馴染みのある語として「省く」「落とす」「欠く」などと同じ意味で用いることにする。

そのために，母語話者に「何かが欠けている」あるいは「何かもっと足せる」という感覚を与える現象を幅広く取り上げてその形式を観察・記述しながら，日本語と韓国語ではどのような共通点と相違点があるのかを紹介したい。特に，何かの要素が言語化しないことによってどのような制約が生じるのかに焦点を当てて，「省くか残すか」の選択で何が優先されるのか，どのような種類の情報が言語化の対象からあぶれるのか，限られた資源を配分するときに用いる戦略に言語別の特性はあるのか，などの疑問を追求する。二つの相反する動機の間でバランスをとろうとすることは言語が変化するきっかけを作ると考えられているが，省略という現象でもそのダイナミズムを垣間見ることができるだろう。

コラム 1　巷に流れた「官房長官最終兵器説」？

2017 年は，北朝鮮関連の話題でずいぶん社会の雰囲気は緊張に満ちていた。新聞や TV で連日，核問題やミサイル発射に関連するニュースが報道される中で，深刻さを欠いた議論を巻き起こしたニュース見出しがあった。

「官房長官　隠岐諸島から約 300 キロの日本海に落下か」

これは同年，NHK のニュースサイトに 5 月 29 日付で掲載された記事の見出しで，北朝鮮が弾道ミサイルを発射したことを受け，菅義偉官房長官（当時）が記者会見を開いたことを伝えるものである。会見では官房長官から「弾道ミサイルが島根県隠岐諸島からおよそ 300 キロの日本の排他的経済水域の中の日本海に落下したとみられる」という趣旨の発言がなされた。

この見出しを見て，思わずにやけざるをえなかった筆者のような人はけっこういたらしい。案の定，ネットでも「NHK が官房長官を落下させる暴挙に」「スガッドミサイル」などのコメントがつき，ちょっとした笑いのネタになった[1]。

会話における話題，つまり「何について話すか」は言語学では「主題」と呼ばれる。日本語ではよく「○○は」などの表現で文頭に現れるが，それは会話が続くといちいち繰り返されないようになる。「太郎」という人物について話をしているのであれば，「太郎は」「太郎について」などは，会話が進むにつれて言わなくても伝わる自明な情報になるからである。

問題の見出しにおいて主題となるのは，それこそ「日本海に落ちたもの」つまり「ミサイル」である。北朝鮮のミサイル関連ニュースが連日報道され続けたということを知っていれば，「ミサイル」という主題は「言わなくてもいい情報」になるだろうが，そのような脈絡を知らずにいきなりあの見出しに接する人にとっては「ないと困る情報」になる。それが抜けているこの見出しでは，通常の主題の位置に置かれた「官房長官」が「ミサイル」の代わりに「日本海に落ちたもの」にされてしまったというわけである。

省けるものを省いたコンパクトな形式は見出しでは重宝するものだが，「省いていいもの」という基準が互いにずれていれば，単に「訳の分からないもの」になってしまう。効率のよさは，ミスコミュニケーションのリスクと常に背中合わせになっているのである。

1）https://nlab.itmedia.co.jp/nl/articles/1705/29/news121.html

第２章
日本語の様々な省略
——何を省くか

日本語省略の諸相

この章では，「何かが欠けている」と言える日本語の現象を中心に様々な例を幅広く概観しながら，現象の理解を深めていく。

省略の例を見ると，前章で挙げた例文のような文章のレベルだけでなく，それより小さな単位でも起きる。人間の言語は，いくつかの単位が階層をなすように構成されていて，小さな単位を組み立ててより大きな単位を作る。もっとも小さい単位である「音」から，さらに「語」を作り，それをつなげて「句」や「文」を構成し，複数の文が集まれば「談話」という流れをなすのである。言語体系全体で働く規則や根本的な原理を追求するのが言語学だが，各言語単位ではそのレベルで適用される独自の原理も存在しており，それぞれの言語単位を主な分析対象とする言語学の下位分野も音声学・音韻論（音），形態論（語），統語論（句・文），語用論（談話）などのように分かれている。

そしてこの言語単位のあらゆるレベルで省略現象を観察することができる。例えば会話で「熱い」という代わりに「熱（あつ）っ！」と言うのも，あるべき音が欠けているという点で「省略」の範疇に入りうる。また「ありがとうございます」が早口の時に音の一部が明確に発音されず，「あざっす」のようになるのも，音のレベルで省略が起きる例である。「安全保障」が「安保」となる「略語」も，よく知られた関連現象の一つである。

以下では，「音（音節）の省略」「語の省略」「句の省略」「文の省略」という風に，省かれる要素の言語的地位を基準にして，代表的な現象とその分析上の意義などを紹介していく。

2.1　音の省略

省略現象のうち，もっとも小さい単位で起きるのは音の省略である。これは，音節（一文字）の単位で起きることもあれば，もっと小さい単位（子音，母音）で起きることもある。例えば「あります」を，最後の「う」という母音はあまり発音せずに息だけ抜ける感じで（いうなれば「ありまs」のように）発音する場合などがその例である。また，何かに対する好奇心を表すような場面で「何（なに）？」を何度も繰り返して「なになになになに？」などのように言うことがあるが，そのときの発音は「な」にアクセントが置かれた「なぃなぃなぃなぃ？」に近いものになっているはずである。つまり，すべての「に」が律儀に発音されずに「n」の子音が失われて「い」に近い音になるわけである。そもそも私たちは語を構成するすべての音を，字面通りにきっちり発音しているわけではない。これらの音の省略は，日常会話などの話し言葉で当該のことばを発音しやすい方向に行われる傾向があって，発音の「崩れ」として認識されることも多い。

一方で，子音と母音で構成する「音節[1)]」が省略される例もある。日本語の仮名文字は，アルファベットのように子音と母音が別々になっておらず，最初から子音と母音が一緒になった形（ex.［k］＋［a］→［ka（か）］）で構成されている。このような仕組みの文字を「音節文字」というが，音節文字を用いる日本語の場合，子音や母音だけの省略より，音節単位の省略の方が認識されやすい。

(1) a　です / か →（っ）す / か

1）音節の構造は，一つの母音を中心としてその前後に子音がつくことができるというものである。子音は必ずしも必要ではないので，母音だけの音節も可能である。

b　ほんとう → ほんと，やっぱり → やっぱ

c　さむい → さむ

d　ハズかしい → ハズい

(1) a は「です」で最初の音節「で」(あるいは母音のみ) が脱落する場合で，「マジすか」「マジっすか」などのようになる場合である。(1) b のようにアクセントが置かれない最後の音が落ちる例も頻繁に見られる。さらに音の脱落が特定の語種で規則的に見られることもあり，まず (1) c のように「さむい」から最後の「い」を省いて発音する例も増えているが，これは他にも「暑」「うま」「しんど」などのように，「い」で終わる形容詞の「い」を落とすというふうに体系的に行われるようになっている[2)]。また (1) d のようにある程度の長さのある形容詞で中間の音節を省いて短くすることも見られ，「うざったい」(→「うざい」)「難しい」(→「むずい」) のように他の例も多い。単に音が落ちるだけではなく別の音に変わることもあり，「というか」を「てか」や「つーか」に発音するなどが挙げられる。これらの他にも，「ではない」の「では」が「じゃ」に[3)]，「の」が「ん」になるなど，慣習化して定着しているものもある。

次に音の省略で代表的なものは，「略語」である。おおざっぱに言って長い語の一部だけを用いるというもので，日常または特定の場面で頻繁に使われるものが便宜上短くなることが多い。「高速道路」を「高速」，「携帯電話」を「ケータイ」，「エステティック」を「エステ」というふうに最初の一部だけを用いたり，「日本労働組合総連合会」を「連合」というふうに中間から切り取ったりするなどである。特によく知られている方法は，二つ以上の語が結合した複合語で各構成要素から一部を切り取って組み合

---

2) 主に 3 音節 (3 文字) のイ形容詞で見られやすいという傾向があるが，「せつな(い)」のような例もあるし，学生から「かしこっ」(賢い) というのを聞いて驚いたこともある。

3) ちなみに「半端ではない」から「では」が抜けて「半端ない」(さらには「パねぇ」) になる例や，「何気ない」から「ない」が抜けて「何気に」という形で使われるなどの例もあるが，これは一部における特殊なものであって，一般的な否定表現としての「〜ではない」で見られるものではない。

わせるというものである。

(2) a　安全保障 → 安保
　　b　日本経済団体連合会 → 経団連
　　c　卒業論文 → 卒論
　　d　まつ毛エクステンション → まつエク　　フル単位 → フル単
　　e　同じ中学校 → 同中（おなちゅう）
　　f　あつまれどうぶつの森 → あつ森
　　g　明けましておめでとうございます → あけおめ

代表的なものは，様々な漢語で作られた複合語において，各漢語の最初の漢字だけを連ねるというものである。(2) a に見られるように，「安全」の「安」と「保障」の「保」を組み合わせて「安保」としたり，「経済」「団体」「連合」から最初の一文字ずつをとって「経団連」とする。このように使用頻度の高い語彙を短くするというやり方は，一般名詞に限らず固有名詞でも定着している。

また日本語で体系的に見られる略語の作り方は，複合語で各成分の最初の 2 モーラ[3] ずつの音を組み合わせて 4 モーラにするというものである（窪薗 1995）。(2) c のように「卒業（そつぎょう）」と「論文（ろんぶん）」からそれぞれ下線部分をつなぎ合わせて「そつろん」という形にする場合である[4]。「入試（入学試験）」や「就活（就職活動）」など，音読みの漢語複合語だけでなく，「トリセツ（取扱説明書）」などのように訓読みと音読みが混在する複合語にも適用される。さらに漢語複合語に限らず，「リアタイ（リアルタイム）」のような外来語も対象になるし，(2) d のように外

3)「モーラ（mora）」とは，一定の長さを基準とする音の単位である。音節は母音の数に対応するが，長さを基準とするモーラの場合，長音や促音，撥音も「一拍」の長さをとるものとして数える。例えば英単語「happy」は 2 音節だが，それをカタカナで表記した「ハッピー」は 4 モーラとなる。日本語では音節よりモーラが基準となるのが一般的で，俳句などの定型詩で長さを数える基準もモーラである。
4) (2) a も基本的には同じだが，「佐藤江梨子」を「サトエリ」に略する例などから，文字より音（読み方）を優先していることが分かる。

来語と漢語のハイブリッドである混種語にも適用される。上記の「フル単位」は「大学などでフルで（上限いっぱいに）単位を取ること」を意味する造語だが，英語由来の「フル」と漢語の「単位」から最初の2モーラずつを合わせているのである。

この方式は非常に生産的で，単語ではないものも対象となる。(2) e, fのように語より大きい単位である句でも見られるし，(2) gのような文単位の「定型表現[5)]」にも用いられる。「明けましておめでとう（ございます)」は明らかに語ではないが，「明けまして」「おめでとう」という二つの成分に分けた上でそれぞれから2モーラずつを取るという同じやり方を適用しているわけである。他にも「ことよろ（ことしもよろしくおねがいします)」,「メリクリ（メリークリスマス)」などの例があり，特に若者の間で頻繁に用いられている。

さらにこの略語の作り方には，様々な要因が関わったバリエーションもある（森2002)。2モーラ＋2モーラで4モーラにするというのが典型的なパターンだが，例えば2番目や4番目のモーラに長音や促音が来そうなときは，それが含まれない3モーラの構成になることもある（「メアド（メールアドレス」「スクショ（スクリーンショット」など)。また組み合わせの際，本来の要素とは違う音に変わることや（「スマホ（スマートフォン)」「パリピ（パーティーピープル)」)，構成要素の頭ではない部分を切り取るという例もある（「ぽんじょ（日本女子大学)」)。

このような略し方の例は枚挙にいとまがないほどで，構成成分の語種を問わず作られる上に，一般名詞だけでなく固有名詞にも，語以上の単位にも用いられることなどから，適用範囲の広さが伺える[6)]。

---

5) 定型表現（fixed expression）とは，複数の語が習慣的に結びついた言い回しのことで，慣用表現やことわざ，特定の場面で用いられるあいさつなどが含まれる。

6) これは，略される前の語の構造を無視するような形で適用されることもあり，かなり強力に働いているようである。例えばAdobeのソフトウェアである「イラストレーター」は「イラレ」と略されることがあるが，一見他の例と同じに見えても，そもそも「イラストレーター（illustrator)」は「イラスト＋レーター」というふうに区切られるものではない。このようにある語が本来の構成とは違う形として誤解される現象を言語学では「再分析」と呼ぶ（詳細は第5章を参照)。

この種の略し方は，その使用において経済性の追求以外にもグループ内の結束を強めるなど，他の目的とも密接に関わっていることが指摘されている。例えば，インターネット上の空間またはグループ内で内輪的に用いられる隠語などにも，省略が働いた略語が用いられることがある。「パンピー」は「一般ピープル」の略で，特定の趣味を共有する人たちがそうではない人たちのことを呼ぶときに使うものである。また特定の組織や業界の人間にだけ分かるいわゆる「業界用語」にも略語の例が頻繁に見られる。上記の「フル単」は大学生の間で主に用いられるもので，中には特定の大学でだけ使われるために他大学の学生には通じない語もある[7)]。

上記のような音（節）の省略は，個人レベルで一時的に起きることもあれば，体系的に行われる場合もある。音の欠落は，抜けている部分を聞き手が特定しなければならない点では他の省略と同じであるが，ある音が抜け落ちたとしても，それに相応する意味情報の損失が意識されにくいという点では，他のレベル（語以上のレベル）における省略とは異なる。例えば「マジ（で）すか」の場合，発音されない「で」という一つのモーラに具体的な意味情報が一対一で対応しているわけではないため，「マジすか」から「で」がなくなったことによってどのような意味情報が欠けたかは特定しにくい，ということである。

音に関しては，音一つ一つが必ずしも何らかの情報（＝意味）に対応しているわけではないことから，情報伝達の中身とは直接的に関係しないような，別のルールが働いていると考えられる。例えば上記の例では，前後の音との関係で発音しにくいものや，アクセントの弱い音節が省かれやすいこともあれば，特定の位置の音節が一律的に省かれるなど，省略される対象は何かの「意味」を基準に選ばれるわけではない。音の省略現象に具体的にどのような法則が働いているかを詳細に記述・分析することは本書の目的ではないため，ここでは代表的な例を通して概略を紹介するにとどめておきたい。

7）例えば筆者が勤務する関西学院大学国際学部では「シャガバ」ということばが使われるが，おそらく他の大学の人が聞いても何のことかピンとこないに違いない。これは学部の三つの専攻の一つである「社会・ガバナンス」の略称である。

2. 2　語・句・文の省略

意味が関わる単位で省く

音が一つ以上集まって列を作り，それが何らかの意味と対応するといわゆる「単語」になる。「単語」または「語」は，何らかの意味のある塊として認識されるものである。より厳密にいえば，言語学では意味を持つ最小の単位は「形態素」と呼ばれ，「語」は一つ以上の形態素が集まってできあがるとされる。例えば「気づく」などは一つの単語だと認識されやすいが，「気」と「つく」とに分解することができるしそれぞれ意味を持つので，「気づく」という語は「気」と「つく」という二つの形態素でできたもの，ということになるわけである。

日本語で語（形態素）が省略される現象はいろいろあるが，代表的なものとしては，名詞句における助詞の省略を挙げることができるだろう。

(3)　情報の共有 → 情報共有

(4)　A：ママ，どこ行ったの？

　　B：たぶんコンビニ。

(3) は，「情報を共有する」という意味に対応する名詞句「情報の共有」から助詞「の」を省いて「情報共有」という形式を作る場合である。長い句をより短い複合語のようにするやり方は，経済性が重視される新聞見出しに頻繁に見られ，簡潔（かつ明確）な書き方が要求される学術書籍などでも多用される（石井 2007)。また (4) のように話し言葉で頻繁に見られる「(ママ) は」「(どこ) へ」などの助詞の省略も，同様の例である。

また助詞の他にも，実際の会話では特定の機能を果たす様々な文法要素が省かれることもある。

(5) a　これはあなたの仕事。さっさとやる！

　　b　大雨で山間部に土砂崩れ発生

例えば（5）a は，与えられた仕事をこなすように促す文脈の発話で，「これはあなたの仕事でしょう。さっさとやりなさい」くらいの意味あいをもつものである。一つ目の文で見られるように名詞（「仕事」）が文の述語位置にある場合，通常は「コピュラ」と呼ばれる「である / だ」が続くことによって名詞述語文としての体裁を整えることになる。しかしこの文では「である / だ」が現れていないし，結果的に「～でしょう」のように話者の気持ちをより細やかに表す形式も使うことができない。次の「さっさとやる」においても，機能的には命令の役割をしているが，「～（やり）なさい」「～（や）れ」など，命令文に使われる形式が見当たらない。

（5）b は新聞見出しでよく見られる形式だが，「（土砂崩れが）発生した」という過去の出来事の情報を伝えるのに，「発生」という漢語のみを用いている。「発生」はいわゆる「サ変動詞」の語幹で，動詞として振る舞う場合は「する」を伴うが，この例では「する」が抜けている。さらにはそのせいで付随するはずの「～た」という，過去の時制を示す情報が欠落しており，「～ようだ」などの推定表現も付けることができないようになっている[8)]。（3）～（5）はいずれも何らかの意味・機能を果たす語（あるいは形態素）が省かれた例である。

そして長さを縮める戦略として語やそれ以上の単位を省くことを意識的に用いるのは，主に文以上のレベルで起きることになる。特に複数の文が集まった「談話（discourse）」のレベルでは，それこそ「さっき話が出たから言わなくても分かる」という省き方が見られるようになる。

（6）　A：電話，かけてみた？
　　　B：2 回も。

（6）のやりとりにおいて，A の質問に対する B の答えでは，述語とその

8）もちろん新聞見出しの場合，これらの情報は必ずしも必要でないことが多い。新聞というテキストが過去の出来事を客観的に伝えることを主な機能としていることから，「発生した」の「した」がなくても読者はすでに起きたこととして読み取るし，書き手の推測を表す形式は，普通は使用が控えられる。

目的語からなる動詞句「電話をかけた」が省かれていると言える。答えのフルバージョンとしては「私は2回も電話をかけたよ」などを想定することができるが，直前の質問文で「電話」や「かけた」など，一部がすでに出ているので，答えでは重なっている部分を消して繰り返さない，という考え方に基づくものである[9)]。これは伝統的に統語論の分野で「同一動詞句の削除」と言われてきた現象で，第1章で紹介した英語や他の言語の例も，同様の考え方で理解することができる。

「省略」かどうか

このように文のレベルで規定されるような，文中で特定の役割を担当する句が先行文脈に「すでに出ているから」省かれるというのが典型的な省略の例とされるが，実際の発話例を観察すると，このような考え方に当てはまらないものもある。

(7)　A：っぽいですか。
　　B：っぽい！

(TV番組『マツコの知らない世界』より)

(7) はテレビ番組のゲスト (A) と司会者 (B) の間のやりとりである。ゲストは，ホットケーキミックスで作った中華まんを番組で紹介していて，それを見た司会者が「それ (＝ホットケーキミックス) でも中華まんを作れるのか」と驚く会話がまず行われる。その後，実際に司会者がそのホットケーキミックスの中華まんを試食するが，司会者の反応を見守っていたゲストが「ちゃんと中華まんのような味がするのか」の意味で「っぽいですか」と質問すると，司会者は「それらしい」という意味で「っぽい」と答える。

(7) では，それぞれ同じキーワード「中華まん」が文頭から省かれてい

9)「2回も」のように新しい情報に当たる部分のみを簡略な形式で答えると文としての形を成さなくなる。このような短い答え方は「fragment」とも呼ばれる。

ると言える。直前までの話題が「中華まん」だから，文脈から分かるキーワードを省いているという点では（6）と同じだが，厳密にいえば先行文脈で「中華まんっぽい」という発話が実際に行われたわけではないことを考えると，「同一句の削除」ともいえないわけである。さらに「っぽい」は本来，「粉っぽい」「惚れっぽい」などのように名詞またはそれに相当するものにつく接尾辞で，（7）のように単独で使われるものではない。つまり（7）では，そもそも自立できない要素をあたかも自立できるかのように用いているわけである。従来の捉え方では「非文法的な文」になるが，効率よく会話を進めようという動機がこのような使い方を可能にしているのである。

また「状況的省略（situational ellipsis）」（Wilson 2000）と呼ばれる例も，従来の基準からは多少とらえにくい欠落が見られるものである。以下は，この概念を当てはめた日本語の例文である。

（8）　A：例の話題作，観にいこうかな。
　　　B：やめときなって。

（8）は，話者AとBが映画に関する会話を交わしているところである。Aの発言に対する受け答えの「やめときなって」は，「何を」に該当する部分（「話題作を観に行くこと」）が先行発話で示されているため，同一句の繰り返しを避けるための省略という従来の例に当たる。

一方で，「やめときなって」が単独で用いられる状況も考えられる。例えば話者二人が一緒にリビングで食事をしている時に，たまたまテレビで流れた映画のコマーシャルにAが無言で集中していることに気づいたBが「やめときなって」と言い放つところを考えてみよう。この場合も「何を」に該当する部分が存在しないのは一緒だが，それが具体的に何を指すのかは，会話の受け答えのときほど明確ではない。それでも相手Bは「その映画は」「その映画を観に行くのは」などを足して意味を読み取るのに問題はないだろう。ただしこの解釈は先行発話などの言語表現からではなく，その場で展開される状況，すなわち相手の行動や関わる事物などの非言語的情報からしか導き出せないものである。このような「状況的省略」の例を言語表現上の省略と同じ括りにしていいかどうかは，判断に迷うところである[10)]。

（7）（8）はまだ「何かが欠けている」という印象が比較的分かりやすいものであるが，語より大きな単位である句や文が対象になると，「省略」とするには少し線引きが曖昧な例も出てくる。

（9）　A：時計，持ってる？
　　　B：3 時だよ。

（9）は，時刻を知りたいが時計を持っていなくて友達に声をかけると，時刻を答えてもらったという場面のやりとりだが，何の変哲もないようなこの会話は，よく考えると少し奇妙なものである。A の「時計を持っているか」は，文字どおりに解釈すれば単純に時計の所持如何を問う質問であるため，基本的には時計を持っていれば「うん」で，持っていなければ「いいや」で答えるのが適切なはずである。しかし実際には「時計，持ってる？」と聞いた人は，相手から「うん」と答えられるだけで会話が終わったら，おそらく戸惑うことになるだろう。

（10）　A：時計，持ってる？
　　　B:（うん）
　　　A:（いま何時？）
　　　B：3 時だよ。

言語形式に充実な流れを考えるなら，（10）に示されるように，最初の質問に対してはまず「時計を持っている」情報が「うん」という答えを通して相手に渡り，その上で肝心な用件である時刻を問う質問が行われ，そ

10）考え方によっては，先行文脈といえる発話を何も行っていない相手に向けて発せられたものであるため，先行文そのものが省略されたとみなすこともできる。

れに対する答えを返す，というのが（じれったいが）順当な会話になるはずである。したがって（9）は（10）の「簡略版」だと考えれば，省略という行為が関わっていることになる。

状況によっては，「時計，持ってる？」の質問に対する答えは，まったく違うものにもなりうる。例えば授業の最後に，先生から「この問題の答えをコメント用紙に記入して提出しなさい」と指示される場面を考えてみよう。授業終了までに何分残っているのかが分からない友達から「時計，持ってる？」と聞かれるなら，「あと 10 分」と答えることも考えられるだろう。相手の質問を形式通りに解釈して答えを返すより，そもそもの意図を察知してそれに見合った答えを返す方が，効率のよいやり方であることを考えると，このようなやりとりはなんら不思議なものではない。

（9）のような例は従来（特に統語論）の基準でいえば，先行発話にすでに登場したものを省くというケースではないし，「3 時だよ」という発話自体，何かが欠けている印象も少ないので「省略」と判断するための明示的な根拠がないとされるものである。しかし予想される言語上のやりとりをいくつかすっ飛ばしている，という感覚を母語話者に与えるものであることは確かだろう。

このように実際の例を細かく観察すると，省略の典型的な定義からはずれるものも多いことが分かる。しかし母語話者であれば，それぞれの例を見た時に「何かの要素が現れていない」という印象はもつだろう。何らかの欠落にもかかわらず全体の意味がちゃんと分かるのは，何より該当言語の音韻体系や語彙，文構造などに関する知識をもっているからである。これはいわゆる「文法（grammar）」[11] と規定される抽象的な知識体系で，母語の習得過程で身に着けていくものである（Newmeyer 2003, Bybee 2006）。

しかし本章で紹介した多様な例を理解する上で必要なのは，それだけではない。ことば以外の知識，または話の流れを把握する力がなければ，（7）～（9）のような例は意味がちゃんととれないこともある。そこにな

11）日常的に「日本語の文法」や「英語の文法」と呼ばれるものより，さらに広い意味で定義されたものである。

いもの,「省かれた」と思われるものを復元し，自分に向けられたことばを理解しようとする行動は,「推論」(Levinson 2007）に当たるものである。推論には，辞書や文法書に書いてあるような言語に関する知識だけでなく，いわゆる「常識」などといった言語外知識も必要になる。「何かが省かれた」と感じると，自分が持っている言語知識と言語外知識を動員して欠けている要素が何かを考え，全体の意味を理解しようとするのである。

2. 3　内容語 vs. 機能語

ここまで様々な省略の例を観察しながら関連する概念を紹介してきたが，次章で本格的に日本語の特徴的な省略現象を分析する前に，何が優先的に省かれるのかについて考えておこう。

「内容語」の内容と「機能語」の機能

読者のみなさんは，授業でノートをとるときにどういうやり方をするのだろうか。いくら頑張っても先生の説明する内容をすべて書きとるのは不可能だから，ノートには説明の一部だけを記録することになるだろう。だからノートの文体も，省略文の様相を呈することになる。問題はどれを書きとってどれを飛ばすかということだが，その取捨選択で何を優先するのだろうか。おそらく初めて聞くような用語，説明の中で先生が特に繰り返して言及するもの，スライドの中で線を引いているものなどを先に書きとることになるだろう。それらはいわゆる「キーワード」，その場面の中で情報的価値がより高いと考えられるものである。時間と労力が限られている中では，情報内容が濃い方を残そうとするのが当たり前である。

私たちが「語」と呼んでいるものには，大きく分けて「具体的な指示対象のあるもの」と,「抽象的な関係を示すもの」という二つのグループがある。

(11)　資源エネルギー庁から調査を委託されている石油情報センターによりますと，昨日時点のレギュラーガソリン１リットル当たりの小売価格は，全国平均で133.5円と，先週より0.4円値下がりしました。（NHK News Web, 2017.5.1）

（11）で「資源」「エネルギー」「石油」などは，世の中に存在している何かを指し示す語である。このように実質的な意味内容をもつ語は「内容語（content words）」と呼ばれる。典型的な例は「石油」など目に見えるような具体物だが，その他にも「昨日」「価格」「円」といった「手で触れられる実体」がない概念や，「調査」「委託」のような出来事も，内容語で指し示すことができる。おおよそのイメージでいえば内容語とは，何かはっきりした「意味」のある語で，辞書に記される項目として代表的なものである。一般に「語彙の知識が豊富である」というと，知っている内容語の数が多く，その用法に精通しているという意味になるだろう。外国語の学習で最初に覚えるのも，この類の語である。

一方，下線で記した「から」「を」「されている」などは，特に何かを「指し示す」というものではなく，内容語と内容語がどのように関わりあっているのかを表すもので，「機能語（function words）」と呼ばれる。このような語は具体的な指示対象はもたないため，その語の「意味」は何かと聞かれると大変説明しにくいことが多い。

以下に日本語の代表的な内容語・機能語の例を品詞別に紹介する[12)]。

（12）　内容語

名詞：学生，大学，ワイン，寝坊，終電，授業，…

動詞：行く，食べる，呑む，酔う，寝る，逃す，遅れる，…

形容詞：早い，眠い，暑い，おいしい，楽しい，…

副詞：すぐ，ゆっくり，ちょっと，決して，…

---

12)「～によりますと」の「よる」などは，品詞は動詞でも具体的な動作や状態を表しているわけではないという意味で，機能語寄りの動詞と言える。そのような中間的なものとして他にサ変動詞の「～する」や敬語の「（お～に）なる」，補助動詞の「（～て）いる」などがある。

(13) 機能語

助詞：が，を，に，へ，で，から，より，まで，と，は，…

助動詞：～だ，～た（過去），～させ～（使役），～られ～（受け身），…

接続詞：だから，したがって，しかし，でも，また，あるいは，…

その他：この（指示詞），私（代名詞），～さ（接尾辞），お～（美化語），…

二つの語彙群はこのように担う情報の性質が異なるもので，私たちが言語表現を組み立てるときはその性質に応じて使い分けをしている。つまり，世の中の何らかの事柄について述べようとすると，ある出来事の中に登場する様々な人や物などを内容語で指し示し，それらの間にどのような関係があるのかは機能語で表現することになるのである。二日酔いで遅刻したことを訴えたければ，「遅刻」「飲み会」「日本酒」「ビール」「飲み過ぎる」などの内容語を使って，例えば「遅刻したのは，飲み会で日本酒とビールを飲み過ぎたのが原因です」と，内容語を機能語でつなげるようにして組み立てるわけである。

ことばの基本的な単位である語を内容語と機能語に分けた上で改めて「何を残して何を省くか」という省略の観点に戻ると，どっちがより重要なのかは自明の理のように見える。実際，これまでに紹介してきた省略例でも機能語に相当するものを省いている例が少なくない。内容語を残した方がより情報量の多い発話を作ることができるからである。内容語だけを並べ立てた話し方である「片言」で話が通じるのも，それだけ情報量があるからに違いない。ここまでくると，機能語の重要性はかなりかすんで見える。

重要なのはどっち？

異なる言語を用いる集団の間でコミュニケーションが必要になる時は，通訳という作業が行われる。よく見られるのは「逐次通訳」という形で，ある言語の話者が話し，それを通訳者が聞いて別の言語に訳すという作業を交互に繰り返す形で行われる。そして元の話者が話している間，通訳者はその内容をメモすることが多い。話が長くなったり，内容が複雑だったりすると，あとで訳を言う際に記憶の手助けになるものが必要だからである。どんどん進んでいく話を聞きながら同時にメモを取るので，書きとれる量は少なく，場合によっては一文あたりに本当に必要な一語だけを書きとめるということも少なくない。長い発話を一つのキーワードに縮めているわけだから，いうなれば「究極の省略」である。そして通訳者は，そのキーワード中心のメモを見て元の話を（違う言語で）再現することになる。

筆者が担当している授業では，通訳の概論的な内容を紹介する際にこのメモ取りをしながら略式の通訳（日本語の文章を日本語で再現する）を体験してもらうことがある。学生同士でペアを組んでお互いの「再現」を聞いた後，元の話はどこまで再現できたのか，何が特に難しかったかなどについて感想を言うのだが，学生はここで意外な難しさを語る。「自分がとったメモを見ても内容が思い出せない」というのである。

時間が足りなくてキーワードを書きとれなかったとか，殴り書きした字が読めない，とかは分かりやすい理由だが，本当に興味深いのは，必要なキーワードをきっちり書きとっていても，「話が思い出せない」と語るところである。例えば先ほどの文章をもう一度考えてみよう。

(14)　資源エネルギー庁から調査を委託されている石油情報センターによりますと，昨日時点のレギュラーガソリン1リットル当たりの小売価格は，全国平均で133.5円と，先週より0.4円値下がりしました。　（＝（11））

学生が書きとるのは，だいたい「資源エネルギー庁」「石油情報センター」「レギュラーガソリン」「小売価格」「133.5円」などである。これらのキーワードは文の内容を代表するようなもので，いうまでもなくその多くは内容語なのである。授業でノートをとるときと一緒で，情報量が多いから優先されるのもうなずける。

しかし，(14) の話を思い出す上で案外重要なのは，「〜から」「〜によりますと」「〜しました」などの機能語なのである。聞きなれない機関名を何とか書きとれたとしても，どこがどこにどうしたのか，という事柄とのつながりは「〜から」「〜によると」などがないと思い出しにくい。さらに話が長くなって複数の出来事が出てくると，これがすでに起きたことなのか，これから起きる予定のことなのかということすらおぼつかないのである。これらの機能語が果たす役割は，各キーワードが文の中でどのような立ち位置にあるのか，つまりそれぞれの情報の欠片がお互いにどのように結びついているのか，という抽象的な情報である。

そのような情報を後から思い出すのは，読者が考える以上に難しい。この傾向は，通訳練習に用いる話が学生にとってなじみのないテーマのものである場合，より顕著になる。授業で先生が説明していた，初めて聞いたややこしい理論の内容を欠席した友達に説明するときをイメージしてもらいたい。内容への理解が足りなければ，キーワードはいくつか思い出せても「これとこれがどうつながって，どんな話になるんだっけ？」と，なかなか再現できないものである。話を聞くときは確かにちゃんとついていけて「なるほど」と納得した場合ですら，その内容を自分のことばで組み立てるのはまったく別だというのは，読者も身に覚えがあることだろう。それを考えると，一度聞いただけの文章が伝えている複雑な内容を，内容語キーワードのみを頼りに記憶から「召喚」するのは至難の業である。そもそも話を聞く段階から「分からなくてついていけなかった」のであれば，情報は入力すらされていない可能性が高いので，なおさらである。

さらに「しかし」「そして」「一方で」などの接続詞は，文章内に留まらず，文章と次の文章のつなぎ方を示すので，話の「流れ」をつかむ上で非常に重要なものである。実際に (14) の文は，次に「ただ〜」で始まる文が続くのだが，「ただ」は話の流れがどこに向かうのかを思い出させてくれる指標として働く。よほどこのテーマに熟知していない限り，「ただ」を書きとらなかった人が前の文と次の文が逆接の関係になっていることを，一部の欠片だけで思い出すのは簡単ではないだろう[13)]。モノや人などの具体的な対象は記憶に残りやすいが，抽象的な関係という情報はそうではないため，ことばで書き留めておいた方が記憶に負荷がかからない，ということである。

具体的な情報，抽象的な情報

各内容語がどのように結び付いているのかをしっかり把握する，つまり機能語を使いこなすのは，ただ知識を頭に入れる以上の訓練が必要になる。外国語の勉強で単語帳を作ったことがあれば気づくはずだが，単語帳に載せやすく勉強もはかどる項目は，その多くが内容語なのである。しかし機能語の使い方が身についていなければ，使われている単語は全部分かるのに，何度読んでも文全体の意味がとれないといったことが起こる。

これは何も外国語に限っての話ではない。実際，小中高の教育現場では，機能語の結びつき方をいじって因果関係を変えた文と元の文の違いを認識できない，いわば読解力の足りない学生が増えていることが報告され，その原因として「機能語の使い方が分からない」ことが指摘されている（新井 2019）。大学でも学生を指導していると，試験答案で論理的な因果関係を逆に書いた場合，「キーワードは合っているから，部分点をください」という学生に遭遇することがある。例えば上記の「二日酔いで遅刻」の例で，同じ内容語を使っていても「飲み会で日本酒とビールを飲み過ぎたのは，遅刻したのが原因です」と組み立てたら，因果関係が逆になってしまう（まさかこの違いが分からないなんて，と思う読者は，(14) のように馴染みのない単語がいっぱい出てくる話や，授業で聞いた難しい説明で試してみることをお勧めする)。

私たちは世の中を把握する上で「具体的な人や物」などと「抽象的な関係」という性質の異なる情報を2種類のカテゴリーとして使い分けている。ことばを交わす上でやりとりされる情報とは，多くが「○○が△△に□□をする」などに代表される出来事であり，その中に登場するプレイヤーの

13) 実際に通訳の仕事をしているとこのことが身に染みるので，筆者も通訳として働いていた時はこのような「流れの指標」を優先して書きとめていた。使用語彙がけっこう頭に入っているテーマであれば，内容語キーワードよりも機能語をしっかり書きとった方が話の流れを思い出しやすいこともあるからである。

情報と，その立ち位置に関する情報，両方が必要となる。

それでも内容語と機能語とでは，語が担っている意味内容の「濃さ」のようなものでいえば，密度が異なることは否めない。様々な情報のうちどれを言語化するかという選択の結果が，私たちの発話である。情報の性質が違うだけでどっちも重要なことは説明した通りだが，それでもどれかを削らないといけないとすれば，対象になりやすいのは機能語なのである。実際，本章で紹介した多くの例や，次章以降で紹介する様々なジャンルのテキストにおいても，内容語より機能語が省略されやすいという傾向が見られる。それはいうまでもなく，内容語の方がえてして機能語より情報密度が濃いからである。第 1 章で定義したコミュニケーション上の「効率のよさ」を考慮すると，同じ長さであっても具体的な指示対象がある内容語の方がより情報量が多いはずなので，内容語より機能語を省略の対象とするのは，言語使用戦略の基本的な方向性としては妥当なものである。

コラム 2　「あざっす」の謎――文脈がいい仕事をします

「水曜日のダウンタウン」というバラエティ番組がある。中には，巷の様々な「説」が本当かどうかを検証するというコーナーがあるが，ある日のテーマは以下のようなものだった。

「「お疲れさまでした」の「お」と「した」さえ合っていれば間はなんでもいける説」(『水曜日のダウンタウン』2017.5.17 放送)

その説によると，仕事の終わり際などに交わす「お疲れさまでした」という挨拶は，「お～した」という最初と最後の音さえ発音されれば他の音はいい加減でも通じてしまうだろう，という。番組では芸人を相手にこの仮説を検証するための実験が行われ，「おつかれさまでした」というべき場面で「お蔵入りした」「おおきなタマネギの下（した）」などと創造的なことを言われても，相手が気にしないで流してしまうという様子が紹介された。

「お疲れ様でした」や「おはようございます」，「どういたしまして」など，特定の状況と結びついた慣習的な言い方は「定型表現」と呼ばれる。このような表現は実のところ，「意味」と呼べるものが特にないことが多いし，あったとしても使われる状況とは必ずしも符合しない時がある。例えば朝の時間帯の挨拶である「おはようございます」は，いうなれば「早いですね」という意味になるが，遅刻した人に使っても問題はない。用いられる文脈が整っていて，会話の参加者の間にそれが共有されていれば，表現自体の意味は特に意識されないで「習慣的に」使われる。例え「ありがとうございました」が「あの鐘を鳴らすのはあなた」になっても役割を（ある程度までは）果たすことができるのは，そのような理由である。

そうなるとこの手の表現で肝心なのは，ことばそのものよりも「場面」になる。ことばが表す意味を気にしないで済むのであれば，「重要でないものは省いてよろしい」というルールも適用しやすくなる。私たちが実際に話をするとき，発音が整わずに崩れるのはよくあることだが，それも定型表現だったら寛容になれるだろう。代表的なものとしては，もはやすっかり市民権を得た感の強い「あざっす」を挙げることができる。これは「ありがとうございます」から中間部分の音をいくつも落としたもので，いうなればかなり大胆な省略版なのである。実のところ，10 モーラにもなる長い形式を短い時間できちんと発音するのは滑舌のよい人でも難しいから，まともに発音されるのは最初と最後の音になることが多いだろう。それが繰り返されるうちに，いっそのこと開き直って（?）「あざっす」にまとめたものと推察できる。いまは文字でも表記されるが，実際に「あざっす」と書かれたのを読むときは特有のイントネーションをつけて発音も少々崩した方が自然に聞こえるのは，話し言葉由来の表現だからである（各音を丁寧に発音されるとかえって違和感が出る)。

だから「あざっす」と言われた相手がその音列から何らかの意味を読み取るということも考えにくい。それでも相手に感謝したいという気持ちが「あざっす」で伝わるのであれば，基本的な機能は果たしていることになる。もちろん丁寧さという要素はかなり失われるが，正確な発音で「ありがとうございます」と言うより「あざっす！」と勢いよく発声した方が好印象を持たれるといった場面もあるに違いない。言語では何らかの情報という「中身」と「形式」が結びつくのが基本だが，その情報というのも，一筋縄ではいかないようである。

第３章

日本語のテキストと省略 ——どこで省くか

この章では様々なテキストの実例を観察しながら，日本語において省略形式がどのように用いられているのかを確認する。これまでに述べた通り，省略には様々な要因が関わっているが，コミュニケーションにおける情報伝達の効率や経済性を追求するという動機はもっとも大きなものと言っていいだろう。経済性を重視する類のテキストでは，省略がより頻繁に行われることが予想される。時間的・空間的な制約の下で情報伝達を行う必要がある場合，余分なものを削って長さを減らしたり，情報単位当たりの伝達効率を高めるような「省エネ戦略」が必然的に求められるためである。

そのようなテキストとしては，新聞の見出しと外国語映画の翻訳字幕が代表的な例である。使える文字数またはその表示の時間・空間などに明確な制限が設けられているので，いずれも短い形式にできるだけ多くの情報を盛り込むことが求められ，その目的に最適な形をとることになる。その最適な形が日本語という言語においてはどのように実現されるのかを観察することで日本語がとる省略戦略の方向性を探る，というのが本章の目的である。

特に新聞見出しと翻訳字幕は，省略前と省略後の比較がある程度までは可能であるため，省略現象の分析に有効である。通常，私たちが交わす日常会話では「省略前のバージョン」を確認する手立てはない。聞き手が「何かの要素が欠けている」という印象を受けるような文であっても，具体的に「これとこれが省かれている」ということを確実に論証するのは難しく，あくまでも聞き手側の推測に頼るしかない。それが省略という現象の分析における難点でもあるのは，第2章で指摘した通りである。その点で上記の2種類のテキストは，日常的な言語使用の場面とは違って「省略前の情報」の様相を推し量る基準が存在する。つまり，新聞見出しの場合は記事の本文を，翻訳字幕の場合は翻訳前の原文を基準にすることによって，何が省かれたのかが「ある程度までは」特定できるのである。

以下では，新聞見出しと翻訳字幕を中心に，具体的な例を観察しながらそれぞれの特徴を分析し，関連する他の種類のテキストも比較対象として紹介する。

3.1 新聞見出しと記事

現代社会では様々なメディアを通して情報を得ることができるが，情報を提供する何らかの文に対してその内容や趣旨を簡略に示すために題目や小見出しなどがつけられることがある。インターネットや雑誌の記事一本，ニュースや情報番組のテーマ一本など，内容的に一つのまとまりに対しては何らかの見出しがつくことが多く，そのような見出しの代表格として挙げられるのが新聞記事の見出しである。

21世紀，特に若い世代にとって新聞は，紙媒体よりもWEB基盤で提供されるものの方がより馴染みがあるだろうが，どちらのバージョンでも，限られたスペースに様々な出来事に関する情報を文字中心で伝えるという働きをする。具体的には，出来事の内容及びそれに対する解説，主張などといった多様な性格の情報を文章（と写真，図など）で綴った記事の形をとる。記事は基本的に「誰が，いつ，どこで，何を，なぜ，どのように」といったいわゆる「5W1H」の情報内容をもとに組み立てられ，各記事には，それぞれ「見出し」がつけられる。

見出しは一般的に，記事本体の内容を分かりやすく簡略に示すタイトルや看板のような役割をするもので，「もっとも的確・簡潔に要約された記事」（野口2002）とされる。見出しは一般的に記事のキーワードを中心に構成され，記事の重要性に応じて紙面上の大きさや，縦・横の配列，フォントの種類，記事の冒頭・中間といった本文との位置関係など，様々な使い分けがなされる（熊田 1994）。見出しは読者がどの記事を読むかを選ぶ際に活用されるので，読者にとって分かりやすく，興味を引きやすいように考案される[1)]。特に WEB 基盤のオンライン新聞では，見出しだけがメインページで一覧として提供されていることが多く，紙媒体とは違って見出しと記事本文が分離されているので，読み手を積極的に誘導する必要性がより高まる。たいして関連もないような，刺激的なキーワードで記事へのクリックを誘導する場合も往々にして見られるのは，その副作用であるとも言える。

このような背景から，見出しは記事内容のストレートな要約文とは性格が違うこともあるのは確かだが，それでも記事を基に作成されるという点で見出しは記事の簡略バージョンであり，記事は見出しの省略前のテキストとして位置付けることができる。

見出しの「文法」――軽量でコンパクト

広く認識されている通り，見出しと記事では文の書き方が異なる。記事の文章は，私たちが一般的に目にする教科書や論文などのように「書き言葉」と呼ばれるものの作法におおむね従っていて，規範文法的に正しいとされるスタイルで書かれている。それに比べて見出しは，様々な要素が抜け落ちたような，よりコンパクトな形になるのが普通である。

(1) a　仮想現実で自動運転開発　お台場の道路環境 再現

　b　政府は 2020 年度から，<u>自動運転</u>車の<u>開発</u>支援のため，東京・<u>お台場</u>周辺の<u>道路</u>を<u>仮想現実</u>化した性能試験用シミュレーターの整備に乗り出す。…シミュレーターは，港区台場から江東区豊洲までに張り巡らされている総延長約 54 キロ・メートルに及ぶ道路

1) 新聞では一般的に記事を書く人とその記事に見出しを付ける人は別々で，「取材記者」が記事を書くと「整理記者」がそれを読んで内容に適した見出しを考えることになる（松林 2016）。

網を，そのまま仮想現実で再現。

（読売 2020.1.12）

(1) a は記事の見出しで，(1) b は該当記事本文の冒頭の文章である。二つを比べると，(1) a は (1) b の下線部のキーワードを中心に構成されている。このように重要なキーワードだけを並べたような文体は「テレグラフィック・ランゲージ（telegraphic language）」とも言われ，最小限の文字数で必要なメッセージを伝える際によく見られる[2)]。見出しで文字数を減らすためになされる様々な工夫は，その文体を特徴づけるものである。

日本語の見出しでは，以下の (2) でも見られるように全体的に固有語（和語）より漢語を使う傾向が強く[3)]，国・地域名を一文字で表すなど（「日」「ロ」「米」「朝[4)]」），簡略化された表現が多く用いられる。そして何より，「機能語」の使用が抑えられるのが大きな特徴である。

(2) a　米，「最大限の圧力」継続　北朝鮮を「テロ支援国家」再指定も
（朝日 2017.4.21）

b　日ロ，米朝開催の後押しは一致（朝日 2018.5.28）

c　エボラ熱隔離「犯罪者のよう」（朝日 2014.10.27）

見出しを構成するキーワードは主に具体的な意味内容をもつ内容語であり，助詞（特に格助詞），コピュラ（〜だ），形式動詞（する）など，文法的な役割をする機能語の使用が減るのが一般的である。例えば (2) a の見出しの前半部分で欠けている成分を補うとすれば，「米（国）（が）最大限の圧力（を）継続（する）」などになる[5)]。日本語には様々な助詞があり，何

---

2) 現在のような通信技術や基盤施設がなかった時代は，即日のメッセージ送受信の手段として「電報（telegram）」が使われていて，「telegraphic language」という名称もこれに由来したものである。

3) 例えば「続ける」の代わりに「継続（する）」を使うなど，漢語サ変動詞の使用は，固有語動詞に比べて字数を減らす上で有効であるため，見出しではよく見られる。詳細は 3.3 節で述べる。

4) 北朝鮮の場合，「朝」以外にも「北」と略されることもある。

らかの語につくことでその語が表す対象が出来事の中でどのような役割を担っているのかを示す仕組みになっている。この例では何かを「継続する」という出来事の中で，「が」は，「米国」がその主体であることを表し，「を」は「最大限の圧力」が「継続する」の対象であることを示すわけである。「が」や「を」のように文の主要な成分（主語，目的語）につく助詞は「格助詞」と呼ばれ，見出しでは特に省かれやすい（野口 2002）[6]。

さらに見出しで省略されやすい機能語としては，「する」がある。(2) a, b の「継続」「支援」「指定」「開催」「後押し」「一致」などの名詞は，「～する」というサ変動詞の語幹である。一般的に「サ変動詞」と呼ばれる動詞は普通の動詞とは多少違う点があって，「～する」の形では動詞として振る舞うが（「継続することは力である」），「する」なしでは名詞として振る舞う（「継続は力なり」）。

「継続する」は意味的には「続ける」とほぼ同じだが，「何かを続ける」という意味内容は「する」ではなく「継続」の方が担っている。つまり「継続する」において「する」は動詞としての形を整えているだけであり，そのことからサ変動詞の「～する」は「形式動詞」「機能動詞」などと呼ばれる。そして「継続」のようなサ変動詞の語幹は，品詞は名詞だが意味的には動詞に近いという点で「動詞性名詞（動名詞, Verbal Noun）」とも呼ばれる。動名詞（VN）と「する」が結合した「VN する」形の動詞[7]は日本語の動詞の中で高い割合を占めるものであり，新聞でも頻繁に用いられるが，特に見出しの場合は動名詞だけになることが多い。

また (2) c で「犯罪者のよう」という部分は，通常の文や会話であれば「～だ / である（です）」などが続いて体裁を整えることになるが，見出し

5）記事本文は「米国のティラーソン国務長官は 19 日（日本時間 20 日），北朝鮮を『テロ支援国家』に再指定することを検討していると明らかにした。北朝鮮政策の見直しを進めるトランプ政権が，『最大限の圧力』を北朝鮮にかけ続けるための『カード』の一枚を示したものだ」。

6）(3) の例でも，(3) b で「米韓」が「が」なしで現れている。もちろんいつも省かれるというわけではなく，(3) a では「リベリアが禁止」と「が」が用いられている。

7）サ変動詞は，学校文法においては全体が一つのまとまりとして定義されるが，語幹部分と「する」の意味的性質が違うことを重視する立場では，動名詞と形式動詞の二つの成分からなる動詞として捉える。動名詞に関する詳細は 3.3 節を参照。

ではこれも往々にして省かれる。「だ / である」は「コピュラ」または「繋辞」と呼ばれるもので，名詞（句）など，用言以外のものが述語の位置に立つ際に用いられる機能語である。

以上のような機能語は，前章でも述べた通り，実質的な指示対象をもつ内容語に比べて情報内容が具体的ではない。もちろん機能語は内容語キーワードがどのようにつながるかを示す役割をするので，それがなければその分，読み手は内容が把握しにくくなるし，背景知識がないと何を言っているのか分からないということも起こる。それでも内容語を残して機能語を省くというのは，情報量の損失が相対的に少なくて済むからである。見出しにおいて機能語の省略は，情報内容はできるだけ保持しながら文字数を減らすという，情報伝達の効率を実現する上で効果的な手段になるわけである。

省略と助詞の使い方について

以下ではこのようなテキスト固有の「文法」[8] を実現する側面を含め，見出しにおける「省エネ」戦略を詳細に観察していく。まず代表的な機能語である助詞の省略及び関連する語の使い方からもう少し詳しく確認しておこう。

(3) a　隔離施設の取材，リベリアが禁止　「口封じ」批判も（朝日 2014.10.13）
　　b　米韓，THAAD 配備急ぐ（朝日 2017.4.27）
　　c　くずし字解読 AI 駆使（読売 2020.6.6）
　　d　全人代 香港対応も焦点　コロナ便乗 介入強化へ（読売 2020.4.30）

見出しでは通常の文に比べて格助詞を含めた様々な助詞の使用が抑えられる傾向があり，上記（3）にもそれが現れている。(3) a の場合，「「口封じ」批判も」という句では，「批判」の前にその内容を示す「口封じ」が

8）さらに単に通常の文からいくつかの要素を切り落としてできあがるだけでなく，独自のルールで作られるという側面があり，高橋（1993）は「短句くみたて文法」と呼んでいる。

来ているので,「「口封じ」と批判（する)」などのように「と」を加えることができる。あるいは他の助詞を足した「「口封じ」との批判」なども想定できるだろうが[9)],見出しでは使われないことも多いのである。さらに（3）b や（3）c のように助詞が一つも用いられない例もめずらしくはない[10)]。これらの見出しでは助詞を用いないことにより,記事が報道する出来事の中で各プレイヤーがどのような役割をするのかに関する情報を明示せず,読み手の推論に委ねているわけである。

また助詞のあるべきところに「,」や空白を置くことも,見出しで見られる工夫の一つである。日本語のほとんどの機能語はひらがなで書かれるため,視覚的に漢語と漢語の間の「区切り」のような役割も果たすが,見出しで助詞が省かれると漢語キーワードが続けざまに並ぶこともある。もし（3）d で「全人代」と「香港対応」の間,「便乗」と「介入強化」の間に空白がなければ,やや読みにくいものになるだろう。「,」や空白の使用は,機能語の不在が読み手に与える負担を軽減する効果があると思われる。日本語は通常の書き言葉では分かち書きをしないが,短くまとめながらも情報の密度は濃くなりすぎないようにするため,折衷案として空白も用いることになったものと考えられる。

また,助詞「の」を使って表現をよりコンパクトにまとめることもある。日本語では名詞と別の名詞をつなげて名詞句を作る際に「の」が使われることがある。（3）a の「隔離施設の取材」は内容的に「隔離施設を取材する（こと)」に相当するが,「隔離施設」と「取材」だけを「の」でつなぐことで似たような意味を保ちながら字数を減らした表現にしている。

また,名詞同士であれば（3）b の「THAAD 配備」のように助詞なしで

9）また,助詞だけでなく「いう」も加えた「口封じという批判も」も可能である。記事本文は「…報道団体は「パニックに陥った政府が記者の口封じをしている」と批判している」。

10）例えば読売新聞国際面（2013 年 10 月）の場合,見出し 195 本で使用された助詞の数は延べ 271 個であり,助詞が一つも用いられない見出しは 40 本あった。朝日新聞 1 面（同時期）の見出し 254 本の中で使用された助詞は述べ 324 個,助詞なしの見出し数は 22 本だった（尹 2015)。つまり助詞なし見出しの割合は 2 割以下だったということだが,これは第 4 章で紹介する韓国語の見出しの傾向とは対照的なものである。

くっつけることもできる。これは「安全」と「保障」という別々の語から「安全保障」という複合語を作ることにも似ている。「THAAD 配備」も複合語に近い形をしているが，辞書の項目として記載されるようなものではなく，その場の必要に応じて作成・消費されることから「臨時一語」（林 1982）と呼ばれることがある（詳細は 3.3 節）。見出しではこのように語に近い形を活用することで，同じ内容を示す句や文章に比べてよりコンパクトな形式にすることができる。

述部について——述語の一部か全部の省略

もう一つの特徴は，見出しを構成する主語や目的語，述語などの様々な成分のうち，述語の一部または全部が現れないことがあるという点である。紙面という空間的な制約に合わせて「どれを削ってどれを残すか」を取捨選択する上で，述語が省略の対象になるというわけである。

すでに確認した通り，述語に用いられる「だ / である」「する」などの機能語は実質的な意味内容が少ないので省かれやすいが，省略されるものはこれに限らない。

(4) a 「先制攻撃様々な選択肢」 対北朝鮮で米太平洋軍司令官（朝日 2017.4.27）

b 対北包囲網に暗雲 韓国・文大統領（読売 2017.5.10）

(4) a の引用部分は「様々な選択肢がある」という内容だが，述語動詞「ある」が用いられていない。もちろんこれは「選択肢」という語だけでも，それが「存在する」という事柄に関する話であることが読み手に伝わりやすいからである。(4) b でも，下線の「暗雲」という語の後に述語らしきものは見当たらないが，「暗雲が垂れ込める」という慣用表現を知っていれば，その知識を活用して「見通しが明るくない」という内容を読み取ることができる。このように特定の語が習慣的に組み合わさって使われることを「連語（collocation）」と言うが，日本語の連語表現に関する知識をもっている人はその一部だけでも全体を連想することができる。「選択肢」

「暗雲」などの語が読み手にとって解釈の手がかりになるから，「ある」や「垂れ込める」などの述語を省く戦略が成り立つ，とも言えるだろう。

他にも，述語がない見出しで解釈の手がかりとして助詞が重要な役割をすることがある。

(5) a　中国の主張，ほぼ実現　米朝会談　制裁緩和焦点に（朝日 2018.6.15）
　b　バリ島で TPP 首席交渉官会合　きょうから（読売 2013.10.1）
　c　除染調査団派遣へ　IAEA，14 日から（読売 2013.10.5）

(5) a「焦点に」は，「(制裁緩和が) 焦点になる」という句から動詞の「なる」が欠けたものである。読み手は他の成分や背景知識などの情報に加えて，助詞「に」から，続く動詞が「なる」であることが容易に推測できるだろう[11)]。(5) b でも同様で，これは「TPP 首席交渉官会合がきょうから開かれる」ことを伝える記事の見出しだが，最後に助詞「(きょう) から」が位置していて，続くはずの述語「開かれる」「行われる」などは見出しの中に現れていない。

見出し内に述語がないという点は，(5) c と比べるとより分かりやすくなる。一見すると (5) b も (5) c も助詞「から」で終わっているのは同じだが，(5) c が表す内容は「IAEA が 14 日から除染調査団を派遣する」というものであり，意味的に「14 日から」が結びつく述語は「派遣（する)」なのである[12)]。つまり (5) c では，述語「派遣（する)」は「14 日から」と順番が入れ替わっているだけで，見出し内にちゃんと現れていることになるので，(5) b の例とは性格が異なる。

「なる」「開かれる」「派遣する」のような動詞述語が表す情報というのは，基本的に「(何かが) (どういうふうに) なる」「(何かを) する」といった出

---

11) 記事本文は「…当面は国連安保理決議による経済制裁の緩和の是非が焦点になりそうだ」。

12) 記事本文は「国際原子力機関（IAEA）は 4 日，東京電力福島第一原発事故に伴う放射性物質の除染の実施状況を点検するため，調査団を 14～21 日に日本に派遣すると発表した」。

来事の具体的な内容なので，例えば (5) b の例に対して読み手は，「TPP首席交渉官会合」が具体的に「どうなるのか」については，日本語の文法や背景知識などから推測しなければならない。

以上，見出しのように経済性が重視されるテキストでどのような省略が見られるのかを概略的に確認した。見出しでは字数を減らすために様々な工夫がなされていて，助詞を始めとして「だ」「する」などの機能語の使用が抑えられるのがその一つである。このように内容語をできるだけ残して機能語を省くという，情報量を保存しやすい方向性は見出しだけに限らないもので，おそらく日本語だけでなく言語普遍的に見られるものだろう。

一方で，内容語である述語を省くことによってそれが指し示す事柄の具体的な意味内容という情報を明示しない例があることも確認できた。つまり日本語の見出しでは，述語から一部または全部を省くことがテキストの経済性を実現する戦略となっているのである。

この傾向は，次の翻訳字幕のデータでさらに顕著に現れる。見出しの場合，新聞というテキスト自体で取り上げられる事柄の範囲がある程度限られ，すでに起きた事実を中心に報告するというふうに機能もやや固定されている。それに比べて翻訳字幕の場合，基本的にフィクションであるドラマや映画が対象となるので，そのような制限はないに等しい。日常の些細な出来事から人類全体に影響する大規模の事件，さらには存在しえない架空の世界のことに至るまで，取り上げられる内容の範囲がもっと広くなり，劇中の台詞などが担う機能も報告だけに留まらず多彩になるからである。そのため，省略で欠けた情報を推測する際に読み手が考慮すべき選択肢がより増えることが予想される。

以下では，そのような場合でも述語における省略という戦略が活発に用いられることを確認していく。述語の一部または全部を省く戦略と，それによって欠ける情報の性質などをより詳細に検討し，さらに日本語のようなタイプの言語においてその戦略がどのような意義をもつのか，などに向けて議論を拡げていく。

3.2　翻訳字幕と吹替え

翻訳字幕と省略研究について

次に取り上げるテキストは，翻訳字幕である。諸外国との文化的交流が幅広く行われている現代社会では，外国の文学作品や映像作品など，日本語以外の言語で表現されたコンテンツに接することはもはや日常的となっている。特にドラマや映画，ゲームなどの身近なエンターテインメントコンテンツでは，言語の障壁を感じさせないで楽しむことができるような工夫の一つとして，翻訳字幕がつけられる。

翻訳字幕とは，母語以外の言語で提供される映像コンテンツを母語話者が理解できるように発話内容などの言語情報を訳して画面上に表示した文字列のことである（以下「字幕」）。字幕は基本的に画面上に数秒間しか表示されず，映像を邪魔しないように画面の下または右端の限られたスペースに収まらなければならない（清水 1983）など，時間的・空間的な制約を考慮した形で作られる。例えば日本の劇場用映画の字幕の場合，「1 秒 4 文字，台詞の長さは最大 6 秒，1 行 13 文字で 2 行まで」という文字数及び表示時間の上限が定められている（篠原 2012）。

このような制限から，作品中の台詞などをすべて字幕に盛り込むことは物理的に不可能であり，作成時には必然的に多くの情報が省かれることになる。翻訳・通訳研究の分野では訳される前の原文を「起点テキスト」というが，字幕の翻訳で起点テキストとなるのは基本的に登場人物の会話や語りなどの台詞であり，その核心となる部分だけが字幕として表示される。台詞以外の言語情報としては，背景となる音声情報（劇中に流れるテレビの音声や駅のアナウンス，通行人の声など）と，文字情報（町中の看板や標識，登場人物が手にしている新聞や書類の文字など）が挙げられるが[13)]，これらの言語情報は背景的なものとみなされ，基本的には字幕に含まれない。例外となるのは，ストーリーを展開する上で特段重要で，文脈や他の視覚・

13）また作品の性格や演出上の必要性によっては，作中人物以外の台詞がナレーションの形で入ることもある。これらについては周辺的な現象と考え，本書では指摘にとどめておく。

聴覚情報などからは補えない場合（少なくとも字幕作成者がそのように判断した場合）くらいである。

また字幕は，異なる言語の間の翻訳である上に，音声媒体から文字媒体へという，異なるモード間で行われる翻訳であるという側面をもつ(Gottlieb 1994)。そのために笑いや唸り，せき込みといった言語音以外の声や，音声会話で重視される要素，つまり声の大きさや高低，イントネーションといった「準言語」が字幕では取り去られることになる。準言語の要素は，コミュニケーション上は語や文といった実際の言語表現以上に大きな役割を果たすとされるので，これがモードの変更によって字幕に盛り込まれないことも情報量の減少といえる部分である[14)]。

上記の事情により字幕を作る作業では，コンテンツ内の音や文字を始めとしたオリジナルの情報から一部の言語情報だけを起点テキストとして，さらに翻訳の過程で取捨選択を経るので，字幕の情報量は必然的に減ることになる。その縮小された情報の伝達は，字幕の「文法」とでも呼べるような特徴的な形式を使うことで実現する。

従来，字幕は翻訳形態の一つとして関連研究の中で取り上げられるか，語学教育の中での位置づけが模索されることが多かった。例えば字幕翻訳の全般的な特徴や機能，手法などを扱ったり，起点テキストと目標テキスト（訳されたもの）を比べて質的評価を試みたり，訳の過程で発生する言語的・文化的空白[15)]を埋める方略などに関する実証的・理論的分析が行われた（Gottlieb 1994，藤濤 2007）。また英語を始めとした外国語の学習や異文化教育における教材としての活用方策及びその実践なども考察されて

14）もちろん準言語要素は，画面上の登場人物の台詞に耳を傾ければある程度はキャッチできるが，慣れない言語であれば分かる部分も限られるし，日本語字幕と結びつけることも簡単ではない。

15）翻訳字幕では，情報量が起点テキストに比べて減るだけでなく増えることもある。例えば目標言語及びその文化圏には馴染みのない言語的・文化的要素が起点テキストに登場することがあるが，その場合，目標言語には該当する表現がないという「空白」が生じる。その空白を埋める手段としては，起点テキストにはない解説的な情報を目標テキストに追加して視聴者の理解を手助けすることが多い。また追加情報で補うのではなく，別のものに置き換える「代替」の戦略も見られるが，その場合は情報量の単純比較は難しいこともある（注 17 の具体例を参照）。

きた（小林 2000，角山 2008）。

その一方で字幕の「文法」そのものは，日本語研究の中ではさほど注目されておらず，一つのテキストとして字幕がもつ言語形式的な特徴に焦点が当たることは少なかった。つまり，情報量を減らすことと視聴者に分かりやすく伝えること，相反する二つの目的を両立させるために，何を削って何を残すか，それをどのような形式でまとめあげるのかについてはさほど考察されてこなかったのである。さらにはそこで観察されるパターンや方向性が日本語全体における省略戦略としてはどのように位置づけられるのか，それは他の言語とはどのように異なるのかなどに関しては，管見の限りほとんど検討が行われていないようである。

このような疑問を追求する上で，字幕の観察から見出される特徴や方向性が日本語の中の他の言語現象とはどのような関連があるかなどを考察し，ひいてはそれを違う言語との対照分析にまで広げていくことは，省略現象だけに留まらず，日本語という言語が効果的な情報伝達のためにどのような仕組みを取るのかというより大きな疑問に対しても有意義な手がかりを提供するものである。

字幕の「文法」

それではまず字幕がどのようなテキストなのかを理解するために，英米のテレビドラマシリーズの日本語字幕[16]の例を使って形式面の特徴を概略的に紹介していく。

一つ一つの字幕は，ストーリーの進行に合わせて順番に提示されるが，一度に一人の話者の台詞だけを表示するのが基本である。一つの字幕が表示され，次の字幕に変わるまでを本書では「場面」，そしてその数を「場面数」と呼ぶことにして，以下の例文では場面が違う字幕は行を変えて表示する。

16）本書で紹介される字幕の例は，日本の地上波・ケーブルテレビで放送されて DVD で発売されたもの，または有料プラットフォームなどで提供される英米のテレビドラマ（2001～2019 年）14 作品の日本語字幕から採集したものである。各例の後にはドラマのタイトルとシーズン数，日本での発売年を（　）の中に表示した。

まず字幕は文字で表記されることから書き言葉と認識されることもあるが，主な対象が登場人物同士の音声でのやりとりであることから，基本的に会話調，つまり話し言葉の特徴を示す。

(6)　男：落ち着いた？
　　　女：ええ　キャンパスが美しいわ

(7)　女：論文の執筆中にミスしても——
　　　　　あなたの指摘がない
　　　男：それは　つらかったね
　　　女：書き終えた矢先に寂しくなった
　　　男：今　言葉を間違えた
　　　女：ホント？
　　　　　お仕置きされちゃう？

(『ビッグバン・セオリー』S10, 2017)

(6) と (7) のやりとりは，遠距離恋愛に入ったばかりの研究者カップルがスカイプで交わす会話の字幕である。多少風変わりな二人は，お互いに会えない寂しさについて「論文を書いていても突っ込みを入れてくれる人がいない」「それはつらかったね」などと話しているわけである。

まず各字幕では，一般的な会話文ではよく見られるが，書き言葉ではあまり見られない点を確認することができる。例えば砕けた口調の「普通体」といわゆる「ですます」の「丁寧体」の区分など，聞き手との親疎関係に応じた言葉の使い分けは基本的に不特定多数に向けて書かれることの多い書き言葉のテキスト（新聞記事，学術書籍など）ではさほど見られないものである。

また「ほんとう」が「ホント」に，「〜てしまう」が「〜ちゃう」になるなどの崩した言い方が見られたり，「わ」「ね」などの終助詞で話し手の気持ちが聞き手に伝わりやすくするのも話し言葉の特徴の一つである。これらは字幕の他にも，同じく日常会話を模した漫画やアニメーションの台詞，小説の会話文などにも現れる。

字幕は本質的には話し言葉に近いが，文字を伝達の媒体としていることから，書き言葉用の表現手段も取り入れられる。まず (6) (7) では，漢字と仮名以外にいくつかの記号が見られる。字幕は制限字数内に収まる短い文で構成され，それを超える長い文章を用いる場合は二つの場面にまたがる形で提示されるが，その場合は (7) の1行目に見られるように「——」を使って文が次の場面でもまだ続くことを視聴者に伝える。つまり「論文の執筆中にミスしても——」が消えてから「あなたの指摘がない」が画面上に表示されるのである。

また文章記号が用いられる場合もある。字幕では「,」「。」などの句読点は使わないことになっているが，引用や強調のために「“ ”」が使われたり，登場人物の気持ちの強さを際立たせるために「?」「!」などが用いられることがある（日本映像翻訳アカデミー2011)。さらにスペースを設けて限定的に分かち書きをするなど，日本語の基本的な正書法と違う部分も見られるが，これは前節で確認した新聞見出しの特徴とも一致するものである。

また (7) に見られるように，視聴者に注目してもらう必要がある場合，強調されるべき部分に傍点が打たれることもある。上記例では「矢先」という語に傍点があるが，場面が変わって提示される「今　言葉を間違えた」で指摘される「間違い」がどこなのかを視聴者に分かりやすく伝える役割をしている[17)]。また漢字表記の「本当」のかわりにカタカナの「ホント」を使うなど，文字レベルでしかできない工夫も見られる。

---

17) この字幕の元の台詞は「In fact, that’s when I started to really miss you」であり，起点テキストである原文で「間違い」として挙げられているのは下線部である。不定詞「to」と動詞（この場合は「miss」）の間に副詞を挟むことは「split infinitive」と呼ばれ，英語の規範的な文法基準からは往々にして望ましくないとされる。このシーンでは，寂しさを語る恋人の台詞に対して，こともあろうに細かい文法ミスを指摘するという変人ぶりを効果的に伝える装置になっているのである。この台詞を翻訳する場合，日本語には英語のような不定詞句はないため，言語的「空白」が生じてしまう。それを解決するために，日本語の中でちょっとした間違いとして指摘できる「矢先」を代わりに用いたというわけである（続く字幕では「“矢先”は直前の意味だ　“終えた途端”が正しい」と正している)。このように起点テキストの「趣旨」だけ残して言い回し自体は変えてしまう場合，情報量の増減を単純に測るのは難しいといえる。

そして字幕は字数の制限から必然的に省略傾向が著しく，第2章で観察したような各言語単位における省略例が頻繁に観察される。音の側面では「本当（ほんとう）」が「ホント（ほんと）」になるように，長音（を表す文字）が落ちる例が見られる。また基本的に対面コミュニケーション（あるいはそれに近いもの）で交わす会話が文字化されるので，共有している文脈などから分かる情報は省かれやすい。上記の例でも見られるように主題や主語，目的語などの成分は頻繁に省略される（「(君は) 落ち着いた？」「(私は)（論文を）書き終えた矢先に寂しくなった」など)。また「が」「を」など様々な助詞類の省略も，典型的に見られるものである。

(6)(7) を通して指摘した省略例は一般会話を含めた日本語の文章全般でも起きうるタイプのもので，字幕だけの独特の省略スタイルが目立つというものではない。以下では日本語の字幕で特徴的に見られる例を紹介し，またそれが日本語の他の省略傾向の強いテキストでも見られることを確認していく。

字幕は言い切らない？

日本語の字幕例の中には，基本的に日常会話と似ていながらも，実際の会話文にしてはやや違和感があるものが見られる。

(8)　男：止める暇なかった
　　　女：“邪魔だ どけ”って
　　　女：イヤよ 悪いけど　　　　もう我慢の限界
　　　　　アポなし訪問の次は　　　週3回の晩御飯
　　　　　今度は家族写真にまで？　論外よ[18)]

（『デスパレートな妻たち』S3, 2008）

(8) は字幕の一例だが，情報量がかなり少なく，どのような文脈なのか

18) 文と文の間に間隔をとっているのは，それぞれが同じ場面の1行目と2行目に記された字幕であることを示す。以降，「上段」と「下段」と呼ぶことにする。

など，背景の情報が何もない状態では分かりにくいものである。もし「男」「女」という話者区分の標示がなければ，おそらく最初の二つの文が対のやりとりであることも分かりづらく，続きの流れをつかむのは簡単ではないはずで，一般的な日常会話に比べるとかなり異質な文体といえる。このことは，同じシーンの吹替え台詞と比べてみるとより明確になる。

(9)　男：瞬時に座ったから何も言えなかった
女：写っちゃうからどけって言えば？
男：リネット
女：イヤよ　悪いけどこれ以上好き勝手やられるのはもう耐えられない
アポなしに来るの認めたら週3回うちでご飯食べるようになって
今度は家族写真に入れろ？　無理　そんなの絶対にお断り
(『デスパレートな妻たち』S3, 2008)

(9) は，(8) と同じシーンの吹替えを文字起こししたものである[19)]。(8) よりは日常会話に近い形で，二人の話者の間のやりとりとしても分かりやすく，文脈の手助けがないままでも（少なくとも字幕よりは）当該シーンのただならぬ様子が伝わってきやすいのではないだろうか。これは，複雑な事情から夫の愛人をクリスマスに家に招待するハメになった妻が，夫に向かって不満を爆発させるという修羅場のシーンである。

吹替えの方が字幕に比べて意味が通りやすいのは，何より情報量が多い，つまり内容語と機能語のどちらにしろ，使われている語彙の数も種類も吹替えの方が多く，省略の程度が低いことによるものである。そして改めて (8) と (9) を比べると，(8) に特徴的なのは「“邪魔だ　どけ”って」や「もう我慢の限界」「今度は家族写真にまで？」などのように最後まで言い

19) 吹替えの台詞は音声として流れるので，実際は (9) のように行の区分がなされるわけではもちろんないが，本書では便宜上，字幕の行に対応する形で文を配置している。

切らず，文が途中で途切れたように見える部分である。(8) の「“邪魔だ どけ”って」の続きは，(9) を参照すれば，「言えばいいじゃない」か「言ったらどう？」などになることが分かる[20)]。「もう我慢の限界」の場合，意味は取れるが文の体裁としてはややぎこちなく，「(限界) よ / なのよ」などのように何かが続いた方が話者の気持ちがより効果的に伝わるだろう[21)]。しかも (8) の各文が，いま読者が見ているようにいっぺんにまとめて提示されるのではなく一度に一行ずつしか映らないことを考えると，「“邪魔だ　どけ”って」が何を意図した発話なのかは，画面上に繰り広げられる前後の状況を勘案しないと気づきにくい。言い換えれば，この字幕の意味が「(“”の中身を口に出して) 言え」という間接的な要求であることは，見る人が推論しなければならないのである。

言い切らない表現――「名詞止め」

(8) で指摘したような「言い切らない表現」の例は，日本語の字幕では頻繁に用いられるもので，どの作品であっても近い例を見つけるのは難しいことではない。まず一つ目に，「だ」を言わずに直前で止めるという「名詞止め」の例から確認してみよう。

(10)　街はデレックの話題で　　もちきり (『セックス・アンド・ザ・シティ』S1, 2002)

(10) は，文の最後が「もちきり」という名詞で終わる形になっていて，基本的な構造は「A は B だ」に該当する。下線部の「もちきり」は，「街はデレックの話題でもちきりだ」というふうに「だ」が続くことが想定される。この文のように，動詞ではなく名詞 (あるいは名詞句) とコピュラ「だ」の組み合わせが文の最後に位置して述語の役割をする文は「名詞述

20) 起点テキストで該当部分の台詞は「How about, “You’re in the frame, bitch. Move.”」となっている。
21) 該当部分の台詞は「No, I am sorry. How much of her crap do I have to put up with?」となっている。

語文」と呼ばれる。つまりこの文は，名詞述語文の構造をしているが最後には「だ」が用いられず，文が名詞で締めくくられているのである。

この文は意味が分かりにくいというわけではないが，名詞で止まっているので，日本語の文で見られる様々な文末の形式は現れていない。例えば「街はデレックの話題でもちきりです」などのように聞き手に対して丁寧さを表す形式もなく，その点では「不完全なもの」といえるだろう[22)]。このように「だ」などが用いられずに名詞（句）で締めくくられる名詞述語文のグループを，本書では「名詞止め文」とする。

（11）a　俺たちは　みんな　　ただの友達（『メンタリスト』S1, 2010）
　　b　コーヒーを付き合うのが条件（『デスパレートな妻たち』S3, 2008）
　　c　意外だけど　彼のおかげ（『ウォーキング・デッド』S9, 2019）
　　d　“BAU”と彫ったけど　　BAUは逮捕に無関係（『クリミナル・マインド』S12, 2016）

（11）も名詞止め文の例で，同じように名詞で文が終わる形になっている。（11）a「ただの友達」や（11）c「彼のおかげ」のように，単体の名詞より長い名詞句で締めくくられることもある。ここでも各文が名詞述語文としての体裁を整えるには，「だ / です」を足すことになる。

（11）の場合も（10）と同じく，「だ」がなくても意味を読み取ることにはさほど支障がないだろう。しかし名詞止まりになったことで，本来ならそれに続くことのできる言葉が使えず，いくつかの要素が表現できないことになる。例えば「です」などの丁寧形がないので，目上の人との関係性を表すことはできない。さらに日本語は話者の気持ちを伝える機能を担う終助詞などの形式（モダリティ）が発達しているが，「だ」の介在がなければ使えなくなるものもある。話者の気持ちや判断などの心的態度を示す形式がない場合，日常会話ではどことなくぎこちなくなることがあるのを考え

22)「だ」と「です」は両方とも名詞述語文の体裁を整えるのに用いられる機能語であり，「＊もちきりだです」のように共起できないことから，「です」は「だ」のバリエーション，つまり同じものとして扱う。

ると，(10) や (11) のような発話は実生活で使うとやや違和感があるだろう。つまり名詞止め文は，「だ / です」が省かれた分，表現力の幅が狭まったことになるわけである。

ただし，字幕ではない日常会話でも「だ」が省かれることがあるが，上記の例とは多少異なる部分があるという点に注意されたい。

(12) a バイトだよ，バイト。
b A：あの人，知ってる？　B：誰のこと？
c A：問 3 の答えは？　B：1919 年。
d 僕は田中太郎。君は？
e 今日はこれでおしまい。

(12) の下線部は「だ」なしで文末に名詞 (句) が位置することから，(10) (11) と同様の例に見えるかもしれないが，さして不自然というわけでもない。まず先行発話の特定部分を取り上げて反復したり ((12) a)，問い返したり ((12) b) することがあるが，「だ」がなくても違和感はない。また (12) c のように求められる答えのみを簡潔に述べるような「一語文」の場合，「だ」などを伴わないことはよくある。そして (12) d, e の場合，まさに「A は B だ」という名詞述語文の構造をしているが，名乗りなどの単純な情報提供の発話や一部の定型表現で「だ」を省くことも，別に珍しいわけではない。

しかし (12) の例に比べて (10) (11) は，「だ」がないことによって最後だけぶつ切りにされたような印象で，ややぎこちなさが残るといえる。まず (12) a, b と違って (10) (11) の例は，先行発話ですでに言及された部分に再び触れているというわけではない。さらに (11) c, d は単文ではなく，二つの文が「〜けど」でつながった複文の構造をしているので，相対的に短い (12) の例よりはすわりが悪く，少なくともいくつかの文法的制約が生じるので，事柄の表現力がそれだけ縮小されることは否定できない。つまり名詞形で文が止まっている状態では，「〜ただの友達です」のように丁寧さを出したり，「〜ただの友達だよ」のようにフレンドリーな印象を出すこともできないという制限を受けてしまう[23)]。要するに字幕では，「だ」を用いずに名詞（句）で文を終わらせ，日常会話などでは活用可能ないくつかの表現手段を省いているということである。

一方で名詞止め文は，文法面での制約はあっても情報量の面では損失がそれほど大きくない。それは省かれる「だ」（及びその他の形式）が具体的な意味内容はもたない機能語だからである。(10)（11）の字幕例に多少違和感があるにしても，「意味が分からない」というほどでないのはそのためである。

言い切らない表現――「動名詞止め」

名詞止めは，名詞述語文「A は B だ」などで最後の「だ」や「です」までを言い切らないで「A は B」のようにするタイプであった。一方で，動作や行為などを表す動詞が文の最後に位置する動詞述語文の場合，「A が B を C する」が典型的な形だが，字幕では最後の「C する」まできちんと言い切らないという例が見られる。その例の一つとしてはまず，「動詞性名詞（動名詞）」で文を締めくくるという形式を挙げることができる。3.1 節で触れた通り，動名詞は名詞の形をしているが意味的には動作や状態などの事柄を表すもので，「する」を足すことによって文の中で動詞としても振る舞うことができる。

(13)　男：ハロラン？
　　　女：4115 の患者
　　　　　奥さんが編み物を
　　　　　結腸切除

23)「だ」がなくても終助詞で話者の気持ちを表す手段もある。例えば「よ」をつけて「〜ただの友達よ」などのように言うことはできるが，これは発話者が女性であることを印象付ける。(11) a の台詞は「俺」から明らかなように男性話者のもので，「だ」なしで「よ」をつける言い方では性別的に違和感があるため，実際の日常会話では話者や使用場面を選ぶことになる。もちろん男性話者がやや乱暴なニュアンスで「〜ただの友達よ」という場合はあるが，「〜ただの友達だよ」とはだいぶ違う印象を与えることになるので，これもまた使用場面が限られる。

男：結腸か　モンテロッソは？
女：4238　かわいい子のママ
術後発熱で観察を
男：ヘルニアの女か

（『グレイズ・アナトミー』S2, 2006）

（13）は病院を舞台とした作品の字幕で，医師二人が交わす会話である。患者のことをあまり覚えない男性医師が遅れたチャート整理の仕事を片付けようとしているところに，同僚の女性医師がやや不満気に患者の具体的な情報を教えてあげているという状況で，各患者を特徴づけるようなキーワードが盛りだくさんといった様子で紹介されている。ここでも名詞止め文の例で指摘したように，字幕だけでは何が起きているのかなど，流れがつかみにくい傾向が見られる[24)]。特に「切除」「観察」などは，「切除する」「観察する」のように「する」とともに動詞になるが，ここではいずれも「する」は伴っていない。一方で以下の同じシーンの吹替えと比べると，該当する動名詞は「する」つきになっていて，内容がより分かりやすい。

（14）　男：ハロランって？
女：4115 の患者
赤毛　奥さんは編み物している
結腸切除した
男：ああ　あの結腸男か　モンテロッソは？
女：4238　かわいい子供のママ
ゆうべ術後発熱が起きてあんたは 2 時間観察した

24）また「4115 の患者」のような名詞止め文，「奥さんが編み物を」のように動詞述語を言い切らない形式も一緒に用いられているので全体的に不完全さが目立つ印象になっている。なお「編み物」の場合，吹替えでは「編み物している」の形で現れているが，動名詞とはやや性質が違う名詞である。動名詞とそうでない名詞の区分については 3.3 節を参照。

男：ヘルニア女　あれね

（『グレイズ・アナトミー』S2, 2006）

（13）と（14）の下線部を比べると，（13）では「切除」「観察（を）」は「する」が続かず，「する」なのか「した」なのかは不明になっている。出来事の内容は分かっても，各動名詞が示す出来事が「いつ起きるか」という抽象的な情報は言語化されていないわけである。もちろん，すでに入院して措置を受けている患者に関する話をしているという文脈を踏まえれば，「切除」も「観察」も過去に起きたこととして理解できるが，吹替え文と比べても分かるように，言葉を使って明示された方がより分かりやすいのは確かである。他の例も観察してみよう。

（15）a 清掃員が発見　（『メンタリスト』S1, 2010）
　　b 全員の通信を傍受
　　　外部の者からの電話も　選別し遮断する　（『24』S1, 2003）
　　c 通る人のために警告を（『ウォーキング・デッド』S9, 2019）

（15）では，「発見」「傍受」「警告」など様々な動名詞が用いられていて，それぞれ前後の文脈から「発見（した）」「傍受（する）」「警告を（しておけ）」として解釈できる。

（15）a の「発見」のように動名詞だけの場合もあれば，（15）c「警告を」のように助詞「を」がついている場合もあるが，いずれの場合も「する」が欠けた形で動詞としての振る舞いをしていることに注目したい。例えば（15）b に用いられている動名詞のうち「傍受」「遮断」を比べると，「遮断」の方は「遮断する」という動詞形だが，どちらの場合もそれぞれ「通信を（傍受）」「電話も（遮断する）」といった目的語が先行していて，文の述語としての役割をしていることが分かる。「全員の通信を傍受」のように，何かの出来事を示す動名詞が「～する」という完全な動詞の形としてではなく，「する」を欠いた名詞の形で文の最後に位置している例を「動名詞止め文」と呼ぶことにする。

動名詞止め文は，名詞止め文で「だ」がない場合と同じように，「する」がないことによって文法的にいくつかの制限が生じる。動名詞と結合する「する」は何か具体的な意味をもつというより，動名詞に動詞としての体裁を整えさせる役割をする機能語である。文法的な情報を伝える様々な言語形式は動名詞に直接つけることができないので，「する」のない状態では，それらもつけることができない。

まず，上記でも指摘したように，動名詞が示す事柄がいつ起きたのかという時間的情報を示す時制形式を使うことができない[25)]。かといって，「する」の用いられない動名詞止めが（13）のように過去の出来事を表す文脈でのみ使われるというわけでもない。例えば（15）b「傍受（する）」はこれから行われることの内容を告知する文脈である。動名詞止めはさらに「している」「していた」などの文脈でも用いられることがある上に，文脈上どちらの解釈も可能，という場合もありうるため，「する」を伴わない動名詞だけでははっきりしない部分がどうしても出てしまう。要するに「する」は，動名詞が表す事柄が時間軸の上でどのように展開しているのか，という抽象的な情報を示すための土台として，非常に重要な役割をしているわけである。

また「する」がない動名詞だけでは，各文が何を目的として行われた発話なのか，話者の意図を示すことも限られる。

（16）a オペ室を予約
　　ヤンとカレフも入って手伝って
　　（『グレイズ・アナトミー』S2, 2006）
　b この手の傷だと　　かなり出血を？（『シャーロック』S1, 2012）
　c まさかそれでDNA検査を？（『ドクター・ハウス』S1, 2009）

25）ただし事柄が過去に起きたという情報は，時制形式以外にも「昨日」のような副詞など他の手段で表現することもできる。

(16) はそれぞれ「予約」「出血」「検査」という動名詞が用いられた動名詞止めの例である。「する」以下が欠けているものの，前後の文脈などからだいたいの意味を推し量ることができる。例えば (16) a は「オペ室を予約して」という依頼，(16) b は「かなり出血をしたのだろう」という推量，(16) c は「DNA 検査をするつもりか」という意志確認の表現として理解されるだろう[26)]。しかし動名詞止めの形になると，例えば「～して/しろ」などによって示される「依頼/命令」という発話機能が相対的に伝わりにくくなるのも確かである。同じく動名詞に「～を？」がついた形をしている (16) b と (16) c でも，話者の意図は同じではないところを見ると，「したのだろう」「するつもりか」などを省略しないで明示した方がずっと分かりやすいことは否めない。実際，字幕で見られる動名詞止めの例は，該当する吹替えセリフでは「する」及び付帯形式が用いられていることが多い。

字幕で見られる動名詞止めの特徴的な点は，上記の例で紹介されたような多様なシーンで用いられることである。実際のところ「する」のない動名詞の使用は，字幕だけでなく他のジャンルでも見られるわけだが，用いられる文脈はかなり限られる傾向がある。

(17) a 被害者は頭部を強打。現場は自宅で，家族が発見。
　　b 全員，起立！

(17) の下線部も，「強打」「発見」「起立」といった動名詞が「する」なしで使われている。例えば (17) a は事件現場の様子を報告する台詞として，刑事ドラマなどでなじみのある話し方だろう。すでに発生した事実を報告するというのは，基本的に過去の出来事を報道するという新聞の機能とも一致するもので，記事や見出しで「する」のない動名詞が使われるのと同じ脈絡である。また (17) b は学校などで集団を一斉に動かすときに用い

26) 起点テキストの該当部分はそれぞれ「Book an OR.」「Cut on her hand, it's deep. Would have bled a lot, right?」「You're gonna run DNA tests?」である。

られる命令形式である。この手の表現は「発射用意」など，軍隊のように命令系統が明確な組織で用いられる言葉使いとしても知られている。映画やアニメなどの他のジャンルでも，事実の報告または集団に向けた命令など，特定の状況が演出されるとき，動名詞止めを多用した簡潔な話法が見られることがある。

ただしほとんどの場合，使われる動名詞の種類や状況が限られる傾向がある。おそらく読者も（17）の例文を見ただけで，続く説明を読まなくても該当する状況を連想できたのではないだろうか。使われる動名詞も，意味的に状況に合致したものだけになってしまうし，何よりそれぞれ「事実の報告」「命令」という機能に固定されているという点で，多様な動名詞を使って様々な出来事を表している字幕の場合に比べると，表現の幅が狭いわけである。つまり字幕の例では（17）と同じ状況に限らず，日常生活に近いシーンで登場人物の心情を示したり，発話機能を果たすような多様な形式が必要となる状況でも，「する」なしの動名詞を使って対応するということである。

動名詞止めは，出来事に関連する一部の情報が言葉として明示的に表れてはおらず，場合によってそのような情報は他の要素から容易に推測できるほど具体的なものでもないことがある。各動名詞に続くと思われる「する」のバリエーションは「した」「しろ」「します」と様々になるが，そのうちどれが正しいのかを他の情報から推測するのは視聴者に任されている。

動名詞止めは，機能語の「する」は欠けているが内容語である動名詞が残っているから，情報量の損失は相対的に少ないという点で，名詞述語文で「だ」が欠けた「名詞止め文」に近い。言い換えれば，動名詞止めはどのような事柄なのかの情報内容はあるが，動詞としての形が整っていないという不完全さが見られる形式である。この点は，次で説明する「助詞止め」の例とは対照的なものになる。

言い切らない表現——「助詞止め」

動名詞止めに続いて，字幕で見られる言い切らない動詞述語文のもう一つの形は，動詞述語そのものを省いてしまうというものである。

(18)　男：クレアのだ　誰が？
　　　女：私がここへ　何を？

（『ロスト』S1, 2006）

(18) は，二人の話者のやりとりである。会話というよりほとんど「破片」だけになっていて，文脈から切り離した状態ではどういう内容が行き交っているのかもつかみにくいのではないだろうか。同じ場面の吹替えの台詞と比べると，(13) の文体の特殊さがなお目立ってくる。

(19)　男：このクレアの荷物，誰が持ってきた？
　　　女：私だけど何で？　どうかした？

（『ロスト』S1, 2006）

吹替えの台詞では，男性話者の質問に対して女性話者がまず答えてからさらに質問を返している様子がより分かりやすくなっている。(18) の各文を観察すると，文を最後まで言い切らずに動詞の手前で止めている感じで，典型的な動詞述語文の形である「A が B を C する」のうち「C する」に該当する部分が見当たらない。つまり (19) にはあるが (18) に抜けている部分は，「誰が何をどうするのか」のうち，「どうするのか」という，事柄の具体的な内容を示す部分である。「A が B を」だけに留めているので，「A が B を C」のようになる動名詞止めに比べると，情報内容の欠損がより大きい。

もちろん事柄の内容は，実際に画面を観ていれば様々な視覚的情報やそれまでの文脈などから伝わる。(18) の質問である「誰が？」も答えである「私がここへ」も，何かを気にしている様子の男の仕草やそれに戸惑う相手の表情などが組み合わさるので，日本語の知識があればそれぞれの台詞を「誰が（持ってきたのか）？」「私がここへ（持ってきた)。何を（気にしているの）？」などのように理解することができるだろう。しかし「持ってきた」などの動詞は文字で明示されていないので，視聴者が日本語の知識を動員して補足しなければならないのである。

特に重要なのは，欠落した述語が前後の文脈にすでに示されているわけではないという点である。一般的な省略では先行文脈で一度提示された要素が省かれやすい，という傾向があったが，（18）の例を一般的な省略の文と比べてみると違いが見えてくる。

（20）a A：取り戻してくれたのよ，あの人が　B：えっ，あの人が？
b A：そろそろ失礼する　B：では私も
c 僕は車で行くけど，君は？
d 現在の状況は？
e ご無事で何より
f はい，そこまで！

（20）は，一見すると（18）と同じものであるかのように見える。（20）では下線で表示した名詞（句）と四角で表示した助詞から成る句が文末に位置していて，動詞などの述語は続いていない。つまり該当する各文は動詞述語の代わりに助詞で締めくくられているが，述語が（18）と同じ欠け方をしているかと言えばそうではない。例えば（20）a の A は「あの人が」で終わっているが，これは述語の「取り戻してくれたのよ」と主語名詞句「あの人が」の順番が入れ替わっているだけである。さらにその文に対して B が聞き返す「あの人が？」でも助詞「が」で締めくくる形になっているが，先行発話で述べられた述語の繰り返しを避ける形で，同一成分の削除が起きているだけであり，述語がないのではない。（20）b, c も同じく，「私も」「君は」の述語は先行発話ですでに提示されているという状況で，もう一度繰り返す必要がないから省かれるものである。

また（20）d のように会話の切り出しとして使われる例は，特に述語をもって何かを述べるのが目的というより新しい話題を提示する働きをする場合であり，名詞句と助詞「は」だけの簡略な形式が用いられることがよくある。（20）e, f のような定型表現でも述語部分が抜けている例が見られるが，「定型表現」という名の通り，この形で固定されているものなのでむしろ動詞述語を足すのが不自然になる。

しかし字幕の場合，(20) のような例に該当しない文脈でも動詞述語が現れない文が分析対象の全作品で，かつ様々な状況において広く用いられている。他の例を通してもう少し詳しく観察しよう。

(21)　アブルッチ　俺を刑務作業に　(『プリズン・ブレイク』S1, 2006)

(22)　男：話があるんだ　ドーソン教授を？
　　　女：何よ　いきなり
(『アリー・my Love』S1, 2001)

(21) は，「アブルッチ」という初対面の相手に声をかけて「俺を刑務作業に雇ってもらいたい」という要求を切り出す台詞であるが[27)]，字幕は「刑務作業に」までで止まっている。また (22) は，男性話者が女性話者に駆け寄って共通の知人に関する話題を切り出して会話が始まるシーンの字幕である。男性話者の「ドーソン教授を？」は，「ドーソン教授を覚えているか」の意味であるが[28)]，相手の女性話者が「何よ　いきなり」と返していることからも分かるように，急に提示された新しい話題である。つまり (21) (22) ともに該当話者の間で先行発話といえるものが存在せず，一般的に見られる同じ語句の繰り返しを避けるための省略とは性質が違うというわけである。

このように動詞述語が示されず，文が助詞で締めくくられる形を本書では「助詞止め文」と呼ぶことにする。助詞止め文では動詞述語が欠けているので，動詞につけられる各種の文法形式も現れようがない，さらに「(何を) 具体的にどうするのか」という内容が言語化されていないため，名詞止めや動詞止め以上に情報の損失が大きいのである。

一方で助詞止め文の例を観察すると，省かれる動詞にはある傾向も見出される。情報伝達における省略の基本原則に照らせば，なるべく情報損失

27) 該当部分の英語台詞は「Abruzzi, I need you to hire me at P.I.」である。
28) 該当部分の英語台詞は「You remember Professor Dawson?」である。

が少ない方向で起きることが予測されるが，実際にも多くの例で見られるのは意味内容が相対的に「少ない」動詞の省略である。

(23) a 女：話が
男：レナードとエイミの件だね？（『ビッグバン・セオリー』S10, 2017）
b 男：レイチェル　なぜここに？
女：帰国便のキャンセル待ちよ（『フレンズ』S5, 2002）
c 車には何も（『メンタリスト』S1, 2010）
d 今じゃ うちが　　シンクレア・ホテルの造園を（『デスパレートな妻たち』）
e ブリー
ぼくの妻に（『デスパレートな妻たち』S3, 2008）

(23) の下線部は様々な助詞止め文の例で，それぞれ「(話が) ある」「(ここに) いるのか」「(何も) ない」「(造園を) やっている」「(妻に) なってくれ」などに復元できるが，「ある / いる」や「ない」は存在状態の有無を表すだけなので，存在の対象を示す語句があれば解釈にはさほど影響がないと言えるだろう。「(〜を) やる」「(〜に) なる」も動詞ではあるものの，動作や状態などの意味内容が漠然としているし，先行する名詞（句）に比べると情報量が少ないといえる。

また，助詞「と」をとる「言う / 話す」「思う / 考える」「聞く」などの動詞も，頻繁に省略される類である。

(24) a 男：ジャックだ　　ウォルシュは何と？
女：“皆を呼べ” とだけ（『24』S1, 2003）
b 屋上を競技場だと（『ドクター・ハウス』S1, 2009）
c 大物を犯人と？（『メンタリスト』S1, 2010）

(24) の下線部以下はそれぞれ「(何と) 言っていたか」「(〜とだけ) 言っ

ていた」「(競技場だと) 思っていた」「(犯人と) 考えるのか」のように復元できる。(24) a は電話での会話だが，電話をかけてきた男性話者が「ウォルシュ」という話題の人物の発言内容について質問し，女性話者がそれに答えるというやりとりである。ここでは「何と」のように助詞「と」で言い止まる形で，発話行為を表す動詞「言う」は省かれている。女性話者の台詞でも同様で，発言の中身と「と」「だけ」という助詞の組み合わせが残り，動詞は欠けている。

また (24) b は，屋上で危うく飛び降りそうになったスポーツ選手の患者について，「自殺未遂ではなく，ただ自分が競技場にいるという幻覚を見ていた」と説明する医者の台詞である。この例でも，患者が考えていた内容を残し，思考活動を表す動詞「思う」が省略されているわけである。(24) c でも，容疑者とされる大物に対して「そんな大物を犯人と見做しているのか」という台詞なので，推測に関わる動詞が省略されていることになる。(24) の例では，「言う」「思う」などで表される活動そのものより，発話や思考の対象である中身の方が情報内容としてもっと重要なので，肝心な情報だけを示して動詞は省いているものと考えられる。

(23) (24) のような例に対して視聴者は，文脈や背景情報に加えて文内に残された他の成分，特に文末の名詞 (句) や助詞を手がかりに，字幕に現れない述語部分を推測することになる。上記ではいずれも省略された述語に比べて，残された名詞 (句) の方により核心的な情報内容が示されていて，最後の助詞からそれに続く動詞述語を推測しやすい。

そしてこのような仕組みは，より情報内容の多い動詞が省かれる場合にも有効である。以下の (25) で省略されている述語として考えられるのは，いずれも (23) (24) に比べて動作や状態などの事柄をより具体的に示す動詞である。

(25) a 女１：息子は？
　　　女２：彼は今　X 線写真を（『グレイズ・アナトミー』S2, 2006）
　　b 脚がつらいだろう　イスに（『シャーロック』S1, 2012）
　　c トニーの作った乗客リストを　　俺の部屋へ（『24』S1, 2003）

d 妻とどこで？（『プリズン・ブレイク』S1, 2006）

（25）の下線部は，それぞれ「(写真を）撮っている」「(イスに）座ってくれ」「(部屋へ）持ってこい」「(どこで）知り合ったか」などのように復元できる。いずれも動詞自体の表す行為の情報内容はこれまでの例より具体的だが，字幕には現れていない場合である。ここでも文内に残るものが欠けている情報の推測を手助けしていて，例えば文末の名詞が「写真」なら「撮る」，「イス」なら「座る」といったふうに，意味的に結び付きの強い，代表的な述語が連想されやすい。また文末の助詞及び文内の他の助詞も手がかりになっている。(25) bの場合，「イス」という名詞と意味的に関連しそうな述語がいくつかあるだろうが，最後の「〜に」から「座る」が省略されたと特定しやすい。また（25) cの「〜を〜へ」や（25) dの「〜と〜で」という組み合わせであれば，文脈に合う動詞述語として「持ってくる」「知り合う」を補足しやすくなるだろう。

言い切らない他の形

これまでに名詞止めと助詞止め，動名詞止めという形を通して，日本語の字幕で見られる特徴的なスタイルを観察した。いずれも文の最後，述語に当たる部分で何らかの不完全さによる制約が見られるという共通点があったが，述語を不完全な形にする他の例を補足しておきたい。

(26) a 実行前に他の被害者で　計画を試すはず（『クリミナル・マインド』S12, 2016）

b 誰にも好かれてないって　寂しくないわけ？（『グレイズ・アナトミー』S2, 2006）

c ご両親には何でも話すこと（『ドクター・ハウス』S1, 2009）

（26）も文末が言い切らない形になっている例で，各例の最後にはそれぞれ「(はず）だ」「(わけ）か」「(こと）だ」などを足すことができる。「はず」「わけ」「こと」で締めくくられたことによって，これまで見てきた例と同じく他の形式を足してより多彩な言い方にすることに多少の制約が生じるのだが，ここで不完全な形で現れている「はずだ」「わけだ」「ことだ」などは，自分が述べる事柄に対して話し手がどのような捉え方をしているのかという情報を付け加える役割をする表現である。例えば「はずだ」は，話し手が事柄に何らかの必然性があると認識していることを示すものである。そして「わけだ」は事柄を説明するような態度を，「ことだ」は相手に助言をするという立ち位置であることを表す。日本語にはこのような表現を文の最後に足して話し手の気持ちなどをより詳細に述べるという仕組みがあるが，(26) の例ではその部分から一部が省かれているというわけで，字幕では他にも以下のような例が見られる。(27) の最後にはそれぞれ「(行かなきゃ) いけない」「(守れば) いいのか」「(始めても) いいか」「(あったかも) しれない」「(時間では) ないのか」「逮捕するしか (なかった)」などを足すことができる。

(27) a 花屋に行かなきゃ (『フレンズ』S5, 2002)
b もし殺人なら　どう身を守れば？ (『シャーロック』S1, 2012)
c 始めても？ (『24』S1, 2003)
d 少し待てば　　あったかも (『ドクター・ハウス』S1, 2009)
e 鎮静剤の時間では？ (『シャーロック』S1, 2012)
f ジェーンを殴ったので　逮捕するしか (『メンタリスト』S1, 2010)

(26) (27) での省略は，核心的な事柄を表す動詞述語などは欠けていないという点で，名詞止めや動名詞止めにその性格が近いといえる。例えば (27) a は「行く」と「〜なきゃいけない」の組み合わせだが，「いけない」の部分が省かれている。つまり「いけない」という動詞形が抜けているように見えても，事柄の中心内容である「花屋に行く」という情報は温存されているのである。(27) f も同様で，「これが唯一の選択肢だった」という話者の心情を表現する「〜しかない」から「しか」だけを残しているが，文の中心的な内容は「ジェーンを殴ったので逮捕する」であり，情報の損失は相対的に少ない。

上記に近いものとしては，他にも「わけにも（いかない）」「のでは（ないか）」「なくては（いけない）」などの省略形が見られる。一部に関しては，字幕に限らず，実際の話し言葉で使われることもある。いずれの例も，述語の一部の形式が欠けているがどのような事柄が述べられているのかに関する核心的な情報内容は失われていない。つまり，述語の意味的な不完全さより形態的な不完全さが目立つ例である。

ここまで，日本語の翻訳字幕でどのような形で省略が行われているのかを観察した。時間的・空間的制約の強いこのテキストにはいくつかの特徴的なスタイルが見られたが，助詞止めは述部において述語が欠けるという形で，情報内容的にも形式的にも不完全さの度合いが高く，名詞止めは情報内容的な損失は少ないが名詞述語文としては形式的な不完全さを示すものだった。そして動名詞止めの場合，これも名詞止め同様，情報内容的な損失は少ないが「する」が欠けているという形式面の不完全さを示す。内容語の述語が省かれる助詞止めに比べると事柄の具体的な内容は温存されているが，名詞止めと同じようになんらかの制約が生じることもある。述語の欠けた分だけ，情報量と表現力の低下が伴われるのである。

もちろん字幕を読む人は，日本語母語話者としての文法知識，つまり様々な語彙やその使い方，連語関係，文の組み立て方などに関する情報を活用して省かれた部分を推測することになる。言い換えれば，述語が欠けていてもその述語が担う意味的・機能的情報が様々な要素から補えるような場合，それらの情報を明示的に言語化せず，視聴者の推測に委ねることを伝達方法の一つとしているわけである。

次節では，この節の観察結果をふまえて，述語の一部または全部が省かれることは省略の戦略としてどのように機能しているのか，日本語という言語の仕組みと関連付けながらより詳しく考えてみることにしよう。

3.3　日本語テキストにおける効率の実現

前節までの説明を通して，新聞の見出しと翻訳字幕というテキストを観察しながらそこに現れた省略傾向を確認した。観察結果を中心に日本語という言語が使っている戦略のポイントを整理すると，大きく二つになる。一つは「動詞性名詞」という語彙群，もう一つは述語におけるある種の「不完全さ」である。日本語はこの二つの道具を様々なレベルで活用しているが，この節ではその詳細を整理しておこう。

3.3.1　戦略その１　伝家の宝刀「動名詞」

動名詞と「する」

言語学では「品詞」という文法的なカテゴリーを設けていて，語をその意味的資質や統語的な振る舞いに基づいて「名詞」「動詞」「形容詞」「副詞」などのように区分する。中でも「名詞」と「動詞」はもっとも代表的なもので，「名詞」は「道」「ボール」「ゆめ」などのように具体物や抽象物の名前を表し，「動詞」は「いる」「歩く」「蹴る」「見る」など，状態や動作といった事柄を表すのが一般的とされている。

一方で名詞の中でも，動詞のように動作や状態を意味するものがある。例えば「試合」「部活」などは名詞であるが，直感的にはモノというより出来事を意味しているように見える。そのことは「中」を付けてみるとはっきりする。「試合－中」「部活－中」は，それぞれ「試合/部活をしている最中である」という意味になり，「中」がつくことによってある活動が継続していることを表すようになるのである。単なるモノを指している名詞なら「*道－中」「*ゆめ－中」などのように「中」をつけても不自然になるだけで，「何かをやっている」「何かが続いている」という読みはできないわけである。

動作や状態を表す名詞の中でも，特に「出席」「発生」「食事」「説明」「使用」などのいわゆる「サ変動詞」の語幹は，動詞性名詞または動名詞（Verbal Noun, VN）と呼ばれることがある[29)]。この名称は学校で学ぶ日本語

29）動作や状態などを示す名詞群に対しては「事件名詞」「事象名詞」などの用語が使われることもある。日本語文法の中で「動名詞」という名詞群は必ずしも独立した品詞として取り上げられるわけではないが，影山（1993）は動名詞を英語などには見られない，日本語の特殊な語彙群と位置付け，その振る舞い方が一般の名詞とは異なることを様々な角度から分析している。本書では影山（1993）の考え方に基づき「動名詞」という用語を用いる。

文法ではあまり馴染みのないもので，「動名詞」というと多くの人は英語の「gerund」を先に思い浮かべるだろうが，それとは別物である。動名詞は名詞の形をしていて，文の中で主語になったり目的語になったりと名詞のように振る舞うこともできるが，意味的には動詞のように動作や状態などを表すという二面性がある。その名前の通り，「動詞的な名詞」というわけである。

(28) a 出席が足りないことについて説明を聞きましょうか。
b 学生がその日はちゃんと出席したと説明しています。

(28) a で「出席」は助詞「が」がついて「足りない」の主語に，「説明」は「を」がついて「聞く」の目的語の位置に立っているが，(28) b ではそれぞれ「する」と結合した形で「出席した」「説明しています」のように動詞としての働きをしている。これらの名詞は「する」の他に「させる」「される」「できる」などがあった方が文の述語として機能できるのである。どのような名詞にでも「する」をつければ動詞になれるというわけではないので（「*道ーする」「*夢ーする」），その点で動名詞は一般の名詞と大きく異なる。言い換えれば「する」と結合して「VN する」という単一の動詞形になる点が，動名詞とそうでない名詞を区分する基準になる。動名詞が他の名詞類と異なる振る舞いを示すことは従来から指摘されていて，例えば「○○人」という語における「人」は，○○に来るのが動名詞であれば「にん」と発音されるが，普通の名詞であれば「じん」と発音される（「立会人」vs.「社会人」）[30]。

また「VN する」の動詞は，「出席をする」「説明をする」というふうに「を」が介在することもできる[31]。一般の名詞の中にも「野球をする」「贈り物をする」「見て見ぬふりをする」など，「を」を介在させることで「す

30）影山（1993）は他にもいくつかの形態的特徴を挙げ，動名詞と一般の名詞との違いを指摘している。「動名詞は「お / ご〜ください」という丁寧な依頼表現に適用できるが（「ご出席ください」），これは名詞ではなく動詞の振る舞いに近い（「お越しください」）。

る」と共起できるものがある。しかし「出席する」「説明する」の場合とは違って，「野球する」「贈り物する」「見て見ぬふりする」などはいずれもややぎこちない。もちろん話し言葉では「野球（　）する」と言うことも多いので，特に不自然とは思えないかもしれないが，それは話し言葉でよく見られる助詞の省略と考えられている。つまり話し言葉での「野球（　）する」は，「を」がたまたま抜け落ちただけのもので，「野球する」という風に一つの結合体としてはみなされないのである。また一般名詞の中には「〜をする」の形の場合，「する」を「やる」に変えることができる例があるが，動名詞類の場合はできない（「野球をやる」vs.「*説明をやる」）。

日本語の語彙にはこのような動名詞が非常に豊富である。特に多いのは「出席」「説明」のような2字漢語動名詞であるが，漢語だけでなく「やりとり」「買い物」「どん引き」といった固有語，「テスト」「ストップ」「ダウンロード」のような外来語など，語種も様々だし，「ガチ勉」「全振り」などの造語も多い。動名詞類は「する」をつけるという比較的簡単なやり方で名詞から動詞にすることができる便利さから，使用頻度も高い。

動名詞と結合する「する」は，形式動詞と呼ばれる。日本語の「する」という動詞はかなり幅広く使われるが，その意味はやや漠然としていて，以下で見られるように動名詞の他にも実に多様な名詞と共起することが知られている。

(29)　ゲームをする［活動］，町医者をしている［職業］，ネクタイをしている［装身具］，不思議そうな顔をしていた［譲渡不可能部分］，変な歩き方をする［具体的特徴］

（影山 1993 より抜粋）

31）ただしすべての動名詞で可能なわけではなく，「*麻痺をする」「*感染をする」など，一部の動名詞は「を」が入ると不自然になることが指摘されている（影山 1993，鷲尾 2001）。ただし話し言葉になると「?感染をしております」など，例が見られることもある。

「する」自体の意味は「何らかの行動を行う」などが典型的なものとされるが，このように適用範囲が広いので，具体的な中身はひと言で表すのが難しい。特に動名詞と結合した「する」は，動名詞に動詞としての体裁を与える以外はこれといった働きがない。そのために「形式動詞」「機能動詞」などと呼ばれるが，このことを理解するためには，言語表現において動詞という語彙がどのような役割をするかを考える必要がある。

まず動詞は基本的に文の中心軸である述語となり，文を構成する他の成分を決めるとされている。

(30) a 牛がウイルスに感染する
　　b 医者が病気を治療する

(30) a では，「感染する」を述語として「牛が」，「ウイルスに」という成分が文を構成し，「牛という動物が何らかのウイルスに侵される」という出来事を表している。(30) b では「治療する」が「医者が」「病気を」という成分と共に「お医者さんが何らかの病気を治す」という出来事を表している。

それぞれの例で述語とともに文を成す構成成分は，どんな名詞でもいいというわけではなく，ちゃんと意味の通る文を作るためには一種の縛りがかかることになっている。例えば (30) a で「牛」の代わりに「テーブル」などの名詞を使えば「??テーブルがウイルスに感染する」と，意味が通らなくなってしまう。これは「感染する」がその主語に動物や人間など，何らかの生物を要求するからである。このように語彙同士が意味的にかみ合うかどうかにおいて生じる縛りは「選択制限」と呼ばれる。文を作る際には，述語となる動詞と意味的に矛盾しないような語，選択制限が守られていることばを共起成分として選ぶことになるが，(30) の場合，その選択で基準になるのは動名詞「感染」と「治療」であって，「する」ではない。つまり「VN する」のうち，「VN」が他の共起成分を決めている，というわけである。

そして共起する他の成分が決まったとしても，もう一つ，肝心なことが残る。(30) a では「に」という助詞が使われているが，例えば代わりに「を」を用いると「*牛がウイルスを感染する」のように日本語としておかしくなってしまう。これは「感染する」が「を」がつく成分をしたがえることができないからある。一方で (30) b の「治療する」は「を」を使うことができるが，逆に「に」を使うと「*医者が病気に治療する」のように非文法的な表現になる。つまり「治療する」という動詞は「を」がつく成分，いわゆる目的語を必要とする動詞だということが分かる。これは一般的に動詞が目的語をとるかとらないかで自動詞（「見える」「壊れる」など）か他動詞（「(〜を) 見る」「(〜を) 壊す」など）かに分かれるのと同じことである。ここでも重要なのは，どのような助詞を使うかは「感染」「治療」という動名詞によって決められていて，「する」が何かの役割をしているわけではないということである。

以上のように，何らかの出来事を表す文を作るとき，述語となる動詞は共起する具体的な語彙，主語や目的語などの立ち位置に必要な助詞を含めた意味的・統語的環境を決める。いうなれば文全体の「枠」を作るという大事な役割を担うのである。そして「VN する」という動詞が述語となる場合，その役割は「する」ではなく動名詞が果たしているのである[32)]。

動名詞の使い方と効率の仕組み

動名詞という語彙群が形態的には名詞でありながら意味的・統語的に動詞のような役割をすることを確認したが，このような動名詞の二面性は日本語において大変便利に働く。特に時間的・空間的制約から省略傾向の著しいテキストにおいては，動名詞を使うことにいくつかのメリットがある。まずは「する」を省いて字数を減らしやすいという点が挙げられる。しかも「する」がなくても見出しが表す事象の意味内容はほぼ動名詞が示して

32) このように核心的な意味や機能は他の形式が担い，動詞としての体裁を添えるだけの形式は「軽動詞（light verb）」と呼ばれることもある（Grimshaw & Mester 1988）。まさに意味が「軽い」という用語であるが，このような動詞は他の言語にも存在することが知られていて，英語の「do work」「take a walk」などの「do」「take」もその類である。第 4 章で紹介する韓国語にも同じ振る舞いをする「하다（hata）」という動詞がある。

いるので，情報量の減少はさほど大きくないことから，伝達面での効率もいいわけである。

(31) a 核全容「数週間内申告を」北非核化へ米要求（読売 2018.6.17）
b 非核化への要求，具体的に提示へ（朝日 2018.6.26）

上で述べた通り，動名詞は「する」がないままでも出来事を表す表現の土台を決めるなど，動詞述語のように振る舞うことができる。特に (31) の見出しでは，意味的に「(アメリカが北朝鮮の) 非核化を要求する」に相当する下線部は「要求」という動名詞を中心に，「する」がない形で組み立てられている。実際に見出しの中で動名詞が述語として用いられる例を観察すると，多くの場合は形式動詞なしで用いられていて，形式動詞が用いられる場合もほとんど「〜せず」「〜できず」「〜しかねない」のように，特定の形に限られる[33]。

字数調整に便利であることは，固有語の動詞と比べるとよりはっきりする。例えば意味が似ている固有語動詞「見送る」と「VN する」動詞の「延期する」を比べた場合，「見送る」は，一部を削るだけで字数を減らすことができない。動名詞の場合，「延期する」ではなく「延期」だけを使うと字数が減るが，固有語動詞の場合，「見送る」を「見送り」という名詞形に変えても字数は減らないのである。上一段活用，下一段活用の動詞であれば減ることもあるが（「試みる → 試み」，「企てる → 企て」），全体的に見ると動名詞の時ほど有効な手段とは言えない。

さらに動名詞を用いると様々なタイプの形式を作ることができるので，非常に使い勝手がよい。

---

33) 全体として見出しにおける動名詞の使用頻度は極めて高く，動名詞が用いられない例を見つける方が難しいほどである。尹（2015）の調査では 2013 年 10 月の読売新聞国際面の見出し 195 本の中で使用された固有語動詞は 48 のみだったのに比べて漢語動名詞の数は 469 であり，そのうち述語として用いられた「する」なしの例は 73 例，「する」つきの動名詞例は 5 件のみだったと報告している。

(32) a 米　対北圧力さらに強化　北朝鮮を「テロ支援国」再指定を検討（読売 2017.4.21）

b 22 年 W 杯開催時期　作業部会で検討へ（読売 2013.10.5）

c 米韓，THAAD 配備急ぐ（朝日 2017.4.27）

d 日ロ，米朝開催の後押しは一致（朝日 2018.5.28）

e 北核ミサイル情報共有継続（読売 2017.4.19）

まず動名詞は形態上は名詞だから，一般的な名詞と同じように他の語と結びついて別の語を作ることができる。(32) a の「再指定」のように派生語にしたり，(32) b の「開催時期」「作業部会」のように他の名詞と複合語を作るといった例は頻繁に見られる[34)]。

さらに動名詞は出来事を意味するので，その出来事に関わる何らかの名詞（句）と共にさらに長い表現を作り，より複雑な出来事の内容を表す事ができる。例えば「THAAD 配備」の場合，「THAAD[35)]」は「配備」という動名詞が表す行為の対象で，動名詞の意味的な目的語にあたる。目的語と動名詞で作るシンプルな形以外にも，(32) e のように「共有」「継続」という二つの動名詞に他の成分を加えて長くすることで，より複雑な事柄を表現する形式を作ることもできる。

また，助詞などの他の機能語を使い，多様な形の名詞句を作ることもできるというのは，動名詞の大きな特徴である。例えば (32) c の「THAAD 配備」は，「の」を足して「THAAD の配備」のようにすることができる。実際 (32) d では「後押し」という動名詞が，その対象を意味する先行名詞と「の」でつなげられている。

そして動名詞が述語として使われる場合は，(32) a「再指定を検討」のように「を」を使うこともできる。「検討」という行動においてその対象

34)「再（指定）」のように語の前につく接頭辞，「（支援）国」のように後につく接尾辞で作られる語は，「派生語」と呼ばれる。一方，「開催」＋「時期」，「作業」＋「部会」のような複合語は，接辞ではなく自立できる語同士をつないで作られるという点で異なる。

35)「終末高高度防衛ミサイル（Terminal High Altitude Area Defense missile）」の略字で，アメリカが開発したミサイル迎撃システムのことである。

となるのは「再指定（すること）」で，これは動名詞の意味的な目的語に当たる。動名詞は動詞のような働きもできるとしたが，「検討」が「する」を欠いた状態でも，その対象目的語に「を」をつけられるということである[36)]。

（32）e の「北核ミサイル情報共有継続」のように使われた語の数が多い例では，機能語を足せそうな箇所も増える。「北核ミサイルに関する情報の共有の継続」などを始めとして，下線のところに何を入れるか（あるいは入れないか）で他のバリエーションも考えられるだろう。

機能語の使用が少ない形になると，ただ字数が減るだけでなく，全体的な構造がシンプルになるというメリットもある。同じ動名詞であっても，動詞形を用いた「北の核ミサイルに関する情報を共有することを継続する」という文章形式に比べて「北核ミサイル情報共有継続」は，内容語キーワードを一列に並べた単純な構造を持っている。このように動名詞を中心にして作られるひとまとまりの形式は，「語」に近いような振る舞いをすることもできるが，辞書に記載されるような語とは違って，基本的にはその場の必要によって作られる臨時的なものであることが多い。

このように語に近い構成を作れることは，非常にメリットの大きいことである。3.1 節でも触れた「臨時一語」とは使い手がその場で作成する即席合成語（斎藤 2010），その場限りの一単語（林 1982）のことで，私たちの言語生活の中で積極的に作られるという特徴がある。臨時一語の形式を使うことは字数を少なくするだけでなく，構造の単純化に役立つという点で効率がよい形式である（石井 2007）。「構造を単純にする」ことは，臨時一語そのものだけに留まらない利点として働く。文ではなく語に近い形式を取ることは（少なくとも機能語の分は）字数を減らして単純にすることにつながるが，形態的に名詞（句）にすることによって，それ自体が他の文の構成成分になることができるようになり，その文の構造も単純になるからである。例えば上記の「日ロ，米朝開催の後押しは一致」では，下線部

36）前述の「配備」や「後押し」の場合も述語として用いられれば，「を」を使って「THAAD を配備」「米朝開催を後押し」のようにする選択肢が可能である。

の臨時一語形式が「日ロ（が）〜は一致（した）」という事柄を表す見出しの一部として組み込まれている。「米朝開催の後押し」が文の状態なら，「日ロ，米朝開催を後押しすること（に）は一致」のように，ある文が他の文の中に埋め込まれた「複文」の構造になるのである。動名詞は形態的に名詞なので，臨時的構成を作り上げて文構造が複雑になってしまうことを避けるのに大変便利である。

そして臨時一語の使用は，溢れかえる膨大な量の情報を効率よく言語化して伝えるという新聞・ニュースなどの報道媒体の必要に支えられている。一般的に文のような統語的形式の機能は何かについて「述べる」ことで，語のような形態的形式の機能は何かに「名前をつける」ことであると言われている。そして特定の対象や現象について（ただ述べるだけでなく）ひとまとまりの形式を使って「命名する」というのは，特殊な意味を与えることであるとされる（影山 1993，島村 2014）。例えば「タピる」は「タピオカドリンクを飲む」という意味の新語だが，実は二つの「」内の意味が微妙にずれていることに注目したい。「タピる」が表しているのは，「流行りのタピオカ入り飲料（特にミルクティ）を楽しむ」という限定された意味であって，「タピオカが入っている飲み物を摂取する」すべての場合を指しているわけではない。中華料理のデザートとしておなじみのタピオカ入りココナッツミルクを頼んでも，「タピった」ことにはならないだろう。

新聞は毎日のように新しいニュースを紹介するため，取り扱われる出来事の数も増えていく一方である。その中で繰り返し言及される人物や場所，出来事などがある場合，いちいち内容を説明しなくても簡略に伝えられる手段が必要になる。それには臨時一語のように，ひとまとまりの形式を使って「名前を付ける」のが効果的で，そのような目的において都合がいいのは，名詞カテゴリーなのである。名詞は他の成分をつないでより長いものを作ることも簡単だからである。特に基本的な構造である名詞と名詞の連結は，生産性が高くて活発に作られる一方で，必要がなくなれば使われず，記憶から遠ざかっていく（島村 2014）。そのような点でも，見出しを含めてその都度の必要に応じて作成・消費される様々な現代のテキストに向いている。見出しの他にも書籍や書類などのタイトル，新聞記事やニュース，学術書など，やや硬めの書き言葉テキストで多用されるのもそのような有効性に起因するものと考えられる。

上記の理由から，動名詞という語彙群，そして脱着可能な「する」の仕組みは，言語形式を組み立てる上で活用度が高い装置であると言える。動名詞は名詞と動詞，両方の性質を持つので，主語や目的語，述語など様々な成分になることができ，表現を工夫する上で選択の幅が広い。動名詞を使うと字数を抑えながらも表現力をある程度維持できるということで，情報伝達の効率において大きなメリットになる。

3.3.2　戦略その2　不完全な述語

述語に続け——文法関係の示し方

二つ目の戦略として指摘できるのは，述語における不完全さである。3.1節と3.2節で見た見出しと字幕の例では述語の一部または全部が欠けた形式が頻繁に使われていたが，これも日本語のような構造の言語において効率的な情報伝達を実現する仕組みとなっている。

日本語では，抽象的な情報を伝える文法形式が動詞にくっつけられる活用形として実現する。

(33) a その犯人は警察に<u>つかまえられたくなかったんだろうね</u>。
　　b つかまえ-られ-たく-なかっ-た-ん-だ-ろう-ね

(33) aは，単純に「(警察が犯人を) つかまえる」ではなく，「つかまえられたくなかったんだろうね」という込み入った形で，話し手が他人 (犯人) の気持ちを推し量るといった，より複雑な事柄を表している。何が「複雑」かというと，まず (33) aが述べている出来事では「警察が犯人をつかまえる」という関係ではなく，「犯人が警察につかまえられる」という，視点の違う関係が想定されている。それぞれの関係を示す文は「能動文」「受身文」と呼ばれ，同じ事柄を別の視点から述べる際に異なる形式を用いるのである。(33) bでは，「つかまえる」を受身形にするために動詞 (の語根)「つかまえ」に「られ」をつけ，主語の願望を表す「たい」，否定の

「ない」，過去を表す「た」，話し手の判断を表す「のだ（=んだ）」と推量を表す「(だ）ろう」，終助詞の「ね」と，様々な形式を順番に着けていることが示されている。そのことによって，「つかまえる」という，単純に動作だけを述べる動詞が「つかまえられたくなかったんだろうね」という，犯人の心境を推測する話者の気持ちを述べるものに変わるという仕組みである。

文における各種の文法的情報を表すために様々な形式を重ねていく仕組みを取る言語は「膠着語」というタイプに分類されるが，世界の言語の中で同じ仕組みを取る言語は他にも多く，その中には次章で詳しく紹介する韓国語も含まれている。

人の話は最後まで聞け――文末の重要性

日本語の仕組みを考えると，基本的な語順が「主語＋目的語＋述語」となるために文末に重要な情報がたくさん集まることになる。

上記で説明した様々な文法形式は大きく「テンス（時制)」,「アスペクト（相)」,「ヴォイス（態)」,「モダリティ（法)」というカテゴリーに分けられるが，いずれも動詞に一つずつ足されるようになっている。だから動詞の「外側」に位置する文法形式を落とせば，意味的に中核となるもの(動詞の語根）は温存しながら字数を減らすというやり方ができる。前節で観察した「名詞止め」「助詞止め」などの例がこれに該当する。

(34) a 俺たちは みんな　ただの友達
　　b 全員の通信を傍受
　　c 話があるんだ　ドーソン教授を？

(34）はそれぞれ 3.2 節で紹介した名詞止めと動名詞止め，助詞止めの例である。「だ / である」がない名詞止めの場合，直接つけられる形式もあるが（終助詞「な / ね」「よ」「さ」,「らしい」など),「だ」がないと使えない形式がある。例えば過去形にすることができないし，「のだ」なども使えない（「*ただの友達 - のだ」[37])。

動名詞も同様で，「する」がなければ多くの文法形式は直接つけることができない。(34) b のように「傍受」だけになると「*傍受－ていくつもりだ」などのように，「する」以降につけられる文法形式は軒並み出番がなくなるのである。さらに (34) c のような助詞止めの場合，意図された意味は「ドーソン教授を覚えているか」というものだが，「覚える」という動詞自体が文内に存在しないので，どのような文法形式もつけようがない。

述語がなくなったり一部が省かれたり，何らかの形で不完全なものになると，それに付随するはずの文法形式もまとめて省かれることになる。これは言い換えれば，述語を不完全なものにすることで，全体の長さをかなり縮めることができるということである。

ただしこの戦略には「代償」が存在する。述語や様々な文法形式が省かれると，それらが表していた情報内容も省かれることになるからである。ことばを用いて明示的に表現する手段に制約がかかると，解釈する側には省かれたものを推論しなければならないという負担が生じる。次節では，これまで見てきた様々な省略形式を「解釈」の側面からとらえ直し，省略で発生する情報損失と，それを補うための仕組みについて考える。

3.3.3　戦略による損失とその補てん

「効率よさ」の裏側で

情報伝達で「効率がよい」ことは，言語表現の絶対量を減らすか，一つの言語単位当たりの相対的な情報量を増やすか，という二つの方向で実現できるとしたが，これはより具体的にいえば「文・発言を短くする」あるいは「同じ長さでもより多くの意味・機能をもつ形式を使う」ことを意味する。

これまでに日本語の省略戦略を検討する中で焦点を当てたのは，「だ」「する」などの機能語を省いたり，より単純な構造を作ったりすること，つまり「短くする」ことだったが，当然ながら言語表現は短くなればいい

37）文法的な形は「ただの友達 - なのだ」で，「だ」の連体形である「な」が必要である。

というものでもない。言語表現は様々なパーツを組み立てて作られるものだから，パーツのいくつかが欠けるということは，それだけ自分の考えを表現する手段が減ることを意味する。考えを十分な言葉を使って明示的に表現しないことは，話し手及び書き手からすれば時間や労力の節約になるが，聞き手や読み手からすれば解釈にかかる認知的な負担が増すことになる。そしてその負担を適切に処理できなければ，話し手または書き手の意図を読み違えることにもつながりかねない。口数が少ない人は誤解されやすいということもあるように，言語表現が短くなるとミス・コミュニケーションのリスクという嬉しくない代償も生じてしまうのである。

述語の一部または全部を省いた場合，どのような面でどのような代償が生じるのか。日本語において述語は，動詞に様々な文法形式を足していくことで，より多くの情報をより明示的に表現できる。動詞は出来事の具体的な情報内容を，文法形式は出来事に関わるより抽象的な情報を表すが，どれかが欠けると出来事の全容を把握する上では不足が生じるのである[38)]。

例えば「つかまえた」で「〜た」は，行動が時間軸の上でいつ起こるのかに関する情報を表す形式（テンス）であるが，「具体的にどの時点なのか」というより，発話時点より後か先か，という「関係」を示しているのである[39)]。また，「(警察が犯人を）つかまえる」だけでなく「(犯人が）つかまえられる」というなど，出来事を捉える上でどのような視点に立つのか，を表し分ける。「〜られ〜」のような形式は「ヴォイス」と呼ばれる。

さらに，動詞に着けられる文法形式には特定の機能を担当するものがある。助詞止め及び動名詞止めは，以下の例で見られるように何を意図した発話なのかが分かりにくいという点が共通している。

38）もちろん文法形式だけがそのような情報を伝えられる手段とは限らない。例えばテンス形式でなくても，「昨日観察を」のように内容語を使って時間に関する情報を示すこともできる。

39）もう一つ，時間に関わる文法形式は「アスペクト」である。これは事柄の時間的局面の取り上げ方を表す文法カテゴリーで（日本語記述文法研究会 2009），事柄が時間軸の上でどのように展開しているのかを伝えるものである。例えば「食べる」に対してテンスだけを表示した「食べた」は，食べる行為が過去に行われたことを示すが，「〜てい〜」を加えて「食べていた」になれば，過去の特定の時点でその行為が一定のあいだ続いていたことを示す。

(35) a 白い煙の中で――
奴の声が (『クリミナル・マインド』S12, 2016)
b 彼は今 X 線写真を (『グレイズ・アナトミー』S2, 2006)
c 全員の通信を傍受 (『24』S1, 2003)
d ぼくの妻に (『デスパレートな妻たち』S3, 2008)
e 妻とどこで? (『プリズン・ブレイク』S1, 2006)

(35) は, 3.2 節で紹介した字幕の例である。前後の文脈がないと分かりにくいが,「奴の声が (聞こえた)」「X 線写真を (撮っている)」のような過去及び現在の事実の報告もあれば,「全員の通信を傍受 (する)」のようにこれから特定の措置を行う意志を宣言する場合もあり,「ぼくの妻に (なってくれ)」という依頼,「どこで (知り合ったのか) ?」のような疑問も見られる。特に依頼や質問のように聞き手にある行為の遂行を求める場合は,「〜してくれ」や「〜か」など, その機能を担う形式を使うことで話し手の意図をより明示的に伝えることができる。しかし上記の例ではいずれも述語の一部または全部が欠けていて, それぞれの機能を担当する形式を使うという選択肢が限られてしまう。例えば (35) d の場合, 該当の台詞がプロポーズの言葉であることを考えれば, ある意味でもっとも肝心なところを言っていないことになるだろう。

このように述語には, 事柄の内容に加えて, 話し手がどのような意図にもとづいてその事柄を伝えているのかなど, 別の種類の情報が加わることがある。動詞が表している動作・状態に関する内容は「命題」と呼ばれ, その命題に対する話し手の心的態度を示す形式は「モダリティ」と呼ばれる。モダリティが伝える情報も, 事柄の具体的な内容に比べれば抽象的なものであると言える。

これらの文法形式が省かれると, その形式が担っていた情報は聞き手や読み手の解釈に委ねられ, その分だけ認知的な負担が増える。もちろん抽象的な情報が推測しやすい環境もある。例えば新聞記事や見出し, ニュースなどのように重要な事柄の客観的な情報を中心内容とするテキストでは, 基本的に過去のことを伝えているので, 時制形式が示されなくても読み手の解釈における負担はそれほど大きくないだろう。また取り扱われる事柄に対して書き手がどのように考えているのかは（社説などを除いては）あまり問題にならないので，モダリティを示さないのが自然な場合が多い。

一方で日常会話では，話し手の心的態度は重要な要素になることがある。各言語には，一般的に文の成立に重要とされる要素があるが，特に日本語は聞き手への配慮を重視する言語とされている。例えば日本語と英語の場合，文における語用論的な制約が異なることが指摘されている。

(36) a 高等学校の学生さんよ。
b He is a high school boy.

（井出・植野 2012）

(36) は川端康成の『伊豆の踊子』からの文とそれに該当する英訳文である。どちらも自然な文であるが，二つを比べると，両言語のバージョンで文の成立において重要視される部分が少し違うことが分かる。(36) a には英語のように「彼は」のような主語や，「is」に該当する「だ」は用いられていないが，「さん」「よ」という表現が使われていて，こっちは英語の訳文に該当するものが見当たらない。「さん」「よ」は，人物や場面に対する配慮を表す要素であり，なくても非文法的な文になるわけではないが，それらを省いた「高等学校の学生（だ)」ではややぎこちなく，状況や話し手によってはそぐわないと感じられてしまう。日本語の場合は，文法的な要素を整えることだけでなく，話し相手に対する配慮を表すことが重視されているのに比べて英語の訳文は「発話事象を客観的にとらえ，命題のみを過不足なく伝える発話」になっている（井出・植野 2012)。

実際日本語の話し言葉では「よ」などの終助詞を始めとしたモダリティ形式がない文は，たとえ文法的におかしなところがなくても不自然に感じられることがある。この傾向は「きもち欠乏症」（定延 2011）ということばで指摘されているが，単にぎこちない程度ではなく，話し手の気持ちを表す形式が含まれていないだけで，その文が不適切に感じることすらある（定延 2014)。

損失を補うものについて

述語が表す情報の性格について詳しく観察し，その述語の一部あるいは全部が省かれることが日本語の中でどのように表現力の幅を狭めているのかについて述べた。日本語の仕組みを踏まえれば，不完全な述語が多用される字幕は日常会話とはかけ離れた，違和感を与えるものとなるが，それがまたジャンル独特のスタイルを形成しているというのも事実である。これは，述語の不完全さによってそれに伴う文法形式の不在及び情報損失が生じる一方で，何らかの形で損失を補うような方向性が働いているものとして理解することができる。以下では見出しと字幕で見られるある種の「補填」について観察する。

まず見出しで見られる助詞止めの例では，助詞が普段の意味・用法とは異なる振る舞いを見せることがある。以下の例では述語の一部または全部がなく，助詞「を」「へ」「に」などで締めくくられているが，それぞれの助詞がどのような機能を果たしているのかを観察すると，本来の用法とは少し違う点が見えてくる。

(37) a 世界の課題解決，男女とも能力発揮を（朝日 2014.10.1）
b 水俣条約会議　開幕　患者「世界変える一歩に」（読売 2013.10.10）
c 非核化への要求，具体的に提示へ（朝日 2018.6.26）

まず「を」で終わっている (37) a は，講演で演説者が「能力を発揮する必要がある」あるいは「発揮してほしい」と訴える趣旨をまとめたものだが，「求める」「のぞむ」のような動詞がなくても何らかの呼びかけを意味するものとして解釈される[40)]。このような「を」は特に社説などの見出しでよく見られるが（野口 2002），助詞「を」は何かの行為・動作の対象につくのが典型的な用法で，本来このような「呼びかけ」の機能があるわけではない。

---

40) 記事本文は「…「男女が最高のエネルギーとスキルを発揮しなければならない」と訴えた」。

(37) b の下線部の「に」も同様である。「　」の中は会議の参加者の発言内容を表していて，記事の内容に沿って述語を足すとすれば「(〜に）なることを期待する」になるだろうし，意味的には「(〜に）なってほしい」「(〜に）してもらいたい」という要望の表現として解釈される[41)]。しかし助詞「に」にそのような意味があるわけではなく，呼びかけや要望といったより複雑な事柄を表すためには「〜しよう」「〜たい」などの語尾を使うのが通常の文で見られるやり方である。

さらには述語を復元しにくいものもある。(37) c の最後は「へ」であるが，この後にはそれらしい動詞をつけ足すことがなかなか難しい。該当する記事本文は「米政府は近く北朝鮮に対し，朝鮮半島の非核化をめぐって具体的な要求と期限を提示する方針を決めた」となっていて，「提示へ」は「今後，提示していく」という予定の意味合いで用いられていることが分かる。しかし下線部と同じ意味になるように「提示へ」に動詞をつけようとすると，「(提示へ）決める」も「(提示へ）向かう」もぎこちない。助詞「へ」は「空港へ向かう」などで見られるように移動先・方向を表す用法が典型的で，(37) c のような用法で「へ」の意味は，通常の文で使用される場合とは異なるものである。

(37）に見られる助詞の特殊な意味用法は，見出し以外にも標語や広告のコピー，スローガンなどで見られることが指摘されている（野口 2002，杉村 2002)。単なる情報伝達より，書き手の願望や訴えという働きかけの性格が強いテキストである。「を」「に」「へ」の使い方は本来の意味と用法の延長線上にあるものと考えられ，それがどのようにして始まり，広まるようになったかについては詳しい検証が必要だろうが，特定の種類のテキストで繰り返し使われることが定着に結び付いたことは確かだろう。

語用論的な効果

不完全な述語の使用は見出しや字幕だけでなく，日本語の他のテキスト

41）記事本文は「…「(水俣の）経験や苦しみが条約によって世界の幸せにつながると信じている。水銀の規制を約束する水俣条約は世界を変えていく大きな一歩として受け止めている」と期待を寄せた」。

でも見られることが指摘されてきた。例えばメイナード（2004）は新製品を紹介する雑誌解説文，少女向けロマンス小説，一般小説，ノンフィクションという4種類のテキストを分析し，雑誌解説文と少女向けロマンス小説が他の二つに比べて不完全さが見られる名詞述語文を使用する頻度が高く，そのような形式は「情報をモダリティなしで簡潔に提示」するもので，繰り返すことによって「動詞文では得られない軽妙なリズム感」が得られるとしている。

この指摘は，字幕においても当てはまる部分がある。前節で紹介した助詞止めや名詞止め，動名詞止めなどの形式は，まず相手に対する配慮よりも客観的な情報のやりとりが求められるようなシーンと結びつきやすい。これまで紹介してきた作品では，医師や探偵，捜査官などのように職業的に感情を排除して語る人物の台詞や，事務的なやりとり及びそれが登場しやすいジャンルで多用されるという傾向が見られる。

（38）　A：では話の続きを
　　　　　妹さんの姓はラザフォード　　あなたと違うが結婚を？
　　　　B：もう離婚した　この件とは関係ない
　　　　　妹の父の姓だ　両親は子連れ結婚でね
　　　　A：つまり義妹
　　　　B：そうだ

（『ロスト』S1, 2006）

上記は義理の妹を助けようとする兄（B）が，彼女のDV被害を訴えても動こうとしない警察官（A）に掛けあっているというシーンである。不完全述語の使用は警察官である話者Aに集中しているが，話者Bの場合も，述語部分に不完全さは見られないものの，モダリティをほぼ使っていないことが分かる。

この傾向は，作品のジャンル別の観察からも裏付けられる。表1は3.2節で用いた出典作品のうち10作を対象に，第1話分のデータから不完全述語の出現回数を項目別に集計したものである[42)]。場面数当たりの出現頻度を右端に表示し，その高さに応じて下降順で並べている。

表1　字幕における不完全述語の使用様相（作品別）

タイトル（略）	助詞止め	名詞止め	動名詞止め	その他	不完全述語合計	文字数（空白無*）	場面数	不完全述語/場面数（%）
1. グレイズ・アナトミー	42	57	17	7	**123**	5670	655	**18.8**
2. シャーロック	115	46	37	22	**220**	11398	1353	**16.3**
3. ドクター・ハウス	40	20	12	16	**88**	6167	638	**13.8**
4. デスパレートな妻たち	20	37	6	7	**70**	5651	568	**12.3**
5. プリズン・ブレイク	42	17	3	4	**66**	5248	539	12.2
6. アリー・my Love	18	40	2	13	**73**	6320	665	11.0
7. メンタリスト	27	22	9	5	**63**	5450	602	10.5
8. 24	32	11	4	1	**48**	4419	532	9.0
9. ロスト	19	14	3	5	**41**	3919	474	8.6
10. フレンズ	15	16	4	10	**45**	5645	622	7.2

＊分かち書きのスペースは集計に含めていない。

まず全体的に見て，出現回数で大きな割合を占める項目は助詞止めと名詞止めである。作品によってどっちが多いかの違いが見られるのも特徴的な部分で，「助詞止め＞名詞止め」の傾向を示すのは『シャーロック』『ドクター・ハウス』『プリズン・ブレイク』『メンタリスト』『24』『ロスト』であり，反対の傾向を示すのは『グレイズ・アナトミー』『デスパレートな妻たち』『アリー・my Love』である（『フレンズ』も差はあるがほぼ同水準）。特に『デスパレートな妻たち』と『アリー・my Love』では名詞止めの方が助詞止めより2倍前後の多さになっている。

反対傾向の3作品に共通する点は，主人公が女性で他の主要人物にも女

42）ほとんどの作品は1話の時間が正味42分前後であるが，『シャーロック』は87分と他より長い。また『フレンズ』は1話が23分と他作品の半分程度だが，データの量をできるだけそろえるために第1話に第2話（22分）も併せた45分分量を対象としている。なお，『ロスト』に関しては第13話を分析に用いている。

性話者が多いというところである。これは助詞止め優位の6作品においてほとんど男性が主人公であることとは対照的である。「高等学校の学生さんよ」のように言い切りの「だ」を避けるのは一般的に女性的な表現とされる（益岡・田窪1992）ことを考えれば，「だ」を省略する名詞止めの使用がこの3作品で多くなるのは不思議ではない。

作品別に見たとき，不完全述語の使用頻度が高いのは『グレイズ・アナトミー』と『シャーロック』『ドクター・ハウス』などになっているが，これらの作品は重要な外科手術や殺人事件の調査などの緊迫したシーンが多数登場するものである。一方で不完全述語が少ないのは，『フレンズ』のようなコメディジャンルの作品である。また『アリー・my Love』『メンタリスト』は，背景がそれぞれ法律事務所と強力犯罪の捜査機関であり，劇的緊張感のあるシーンは登場するが，全般的に愉快な雰囲気で上位の3作品に比べてユーモアの要素は強いと言える[43)]。

全体的に不完全述語の使用が作品の性格と並行している傾向が見られる一方で，8番目と9番目の2作品に対しては，少し補足が必要になるだろう。大統領候補の暗殺計画を阻止するために情報要員が活躍するという設定の『24』の場合，シリアスな内容展開でコメディ要素はさほど見られない。『ロスト』も同様，飛行機の事故で島に不時着した乗客たちが次々と起きる不可解な事件のせいで追い詰められていくという内容であるが，両作品共に不完全述語の出現数・頻度が少ないのは一見例外であるように見える[44)]。

ただし2作品で個別のシーンを観察すると，(38) に見られるように不完全述語が使用されたところは内容的に何らかの劇的緊張が読み取れるも

---

43) 例えば『アリー・my Love』の場合，主人公の感情状態などをCGでコミカルに誇張するといったアニメのような演出が入るし，『メンタリスト』では軽いノリで冗談やいたずらをしかけて人の虚をつくというのが主人公の常套手段として登場する。

44) この2作品では，銃撃戦や逃走・追撃などのように緊迫したアクションシーンが台詞なしで進行することも多いため，台詞の量と不完全な述語の使用量ともに少ない。同程度の分量（40分強）を基準にすると，ほとんどの作品は各話の文字数が5000字以上，多い場合は7000字以上になるのに比べて，『24』と『ロスト』で4000字を超えるのはどちらも分析対象の4話分のうち1話分しかない。

のであることが多い。作品によって使用頻度に偏りが見られることには様々な要因が関わっているはずだが，全体的には傾向と言えるものが存在すると考えられる。

このように緊迫したシーンで不完全述語が多用される傾向があることは，字数の削減に有効であるという点も影響しているだろう。劇的緊張のあるシーンでは演出の一環として画面の展開速度が早くなることがあるが，その中で各場面の台詞に合わせて字幕をつけるとなると，字数制限に対応するためにも短い形式を使う必要性がより高まる。これは上記で言及したメイナード（2004）の分析において，不完全な述語の形式がもっとも多用されていたのが雑誌解説文であったという点からも裏付けられる。雑誌解説文は，限られた字数で読者に商品を紹介する目的で書かれるものだからである。

つまり不完全な述語の使用は，字数を減らす上で有効である以外にも，形式の簡潔さから強いインパクトを与えるという語用論的効果が働き，視聴者側に緊迫した雰囲気を伝えやすくする側面が大きいと考えられる。これも見出しにおける助詞の特殊な意味用法同様，どのようにして不完全な述語の効果が定着するようになったかについては議論の余地がある。しかし最初は字数制限に対応するために生まれた形式が，特定の状況で頻繁に使われる中でその使用状況との結びつきが強く認識されるようになり，もっと積極的に使われる，という方向性を仮定するのは，妥当な推論であると考えられる。

3.4　その他のテキストについて

見出しと字幕のデータから，述語の一部または全部を省いて不完全な形にすることによって短さが実現する一方で，必然的に発生する情報の損実を補うような効果も見られることについて述べた。この節では，不完全な述語の使用が他のテキストではどのように取り入れられているかを確認する。述語の不完全さは日本語の様々なタイプのテキストで見られるが，ここでは分析の上で比較を容易にするため，特に見出しや字幕に隣接するものを取り上げて観察を行う。

まず吹替えテキストは，情報内容面で字幕にかなり近いものである。吹替えは，対になる字幕と同じ起点テキストから翻訳されるし，両方とも同じ映像に同じ時間のペースで載せられるので，情報量に極端な差はない。字幕で不完全な述語の使用傾向が強いことは確認した通りだが，では吹替えのデータで述語の不完全さはどの程度見られるのか。

一方で新聞記事の場合，見出しと同じ情報内容を共有しているが二つのテキストはそもそも目的が違うことなどから，分量において明らかに差がある。そのような差を折り込んでも，新聞記事のテキストでは省略戦略の実現において見出しと共通する部分があるのだろうか。また，新聞と同じく事実の報道を主な目的としながらも，伝達の媒体が異なるテレビニュースはどうか。さらに新聞やテレビニュースと近い性格のテーマを取り上げるがアプローチは異なる討論番組の場合，どのような様相が見られるか。

この節では以上のような疑問点を中心に観察を進める。他のテキストであっても，字幕や見出しほどではないにしろ，何らかの時間的・空間的制約から完全に自由ではないこともあり，不完全な述語の使用が見られる。その使用例には前節で指摘した戦略とその有効性の現れ方など，大よその方向性で共通する部分もあるが，詳細を観察すると，テキストそれぞれの特徴的な部分及び固有の動機なども見えてくる。その一つは，文字を伝達の媒体とするか，音声を媒体とするかで違いが見られるという点である。以下では実際のデータを観察しながら具体的な違いの様相を確認し，その違いが何に起因するのかについて考察する。省略傾向の違いがより見えやすいように，字幕と起点テキストを共有する吹替えの検討から始めたい。

音声媒体での省略――吹替えの場合

吹替えは，字幕と同じ起点テキストを基に音声で伝えることを想定して翻訳を行ったテキストである。文字ではなく音声が伝達手段となるので，字幕とはいくつか違う点が存在する。例えばオリジナルの台詞におけるつっかえや言いなおし，感嘆詞などのように字幕には基本的に反映されない要素も再現することができる。また声の高低や強弱，イントネーションなどの準言語的要素も活かせる上に，笑いや咳き込みなど，言語音でないものもある程度は盛り込むことができる。このような点は，会話としての臨場感をより出しやすくするものである。また主要な登場人物は基本的にそれぞれ違う声優が演じるので，どの台詞も同じ形式で表示される字幕に比べて各人物の個性もより明確に現れる。

さらに主要な登場人物だけでなくエキストラ同士の会話やテレビからの音声など，ストーリー進行と直接関係のない背景的な台詞も翻訳の対象になるというのも，吹替えの特徴である（日本映像翻訳アカデミー2011）。簡単に言えば，吹替えでは登場人物同士がまるで日本語で会話しているかのように表現されるわけであり，登場人物の表情や口の動きに合わせて台詞を構成するなど，字幕とは異なる要素が考慮される形で翻訳が行われることになる。

3.2 節で紹介したいくつかの比較例でも見られたように，吹替えの場合は，用いられている表現形式が字幕に比べて日常会話により近いというのが大よその傾向である。以下，同じシーンの字幕と吹替えを比べながら詳細を確認していく。なお本書では吹替えと字幕の対照が目的なので，吹替えには入っているが字幕には含まれていない部分は除き，字幕の各場面に対応する主要人物の台詞だけを文字起こししたものを観察する。

（39）　少し伺っても？
金曜の試合は欠場
だが帰宅は日曜だ　　どちらに？

（40）　単刀直入に聞きますが
金曜に予選落ちしましたよね
でも家に戻ったのは日曜日　　それまで何をしていたんですか？
（『メンタリスト』S1, 2010）

まず吹替えの文では全般的に，対応する字幕文と内容及び機能の面で類似性が見られながらも，記される情報の量や種類など，細かい点で違いが認められる。(39)(40) はそれぞれ同じシーンの字幕と吹替えだが，見ての通り (40) は，字幕 (39) に比べて文字数が多く，使われている内容語・機能語共にその数や種類がより豊富な傾向にある[45)]。特に吹替え (40) は「です」「ます」などの丁寧表現や，「よ」「ね」「のだ（んだ）」といったモダリティなどが使われた，より日常会話に近い形になっていて，字幕ほど不完全さが目立つわけではない。吹替えの台詞は基本的に画面上の人物同士の音声会話として伝達されるので，視聴者にとっては字幕以上に「対面コミュニケーション」であるという認識が強くなるはずである。そのために話し言葉で重視されるような要素，つまり聞き手への待遇表現や話し手の心的態度を示す表現といった，会話上の「配慮」を示すことが字幕の時よりもっと重視されるので，述語の不完全さも抑えられることになるだろう。

しかしこれは，吹替えテキストで不完全な述語が使われないという意味ではない。実際 (40) では下線部の「日曜日」が名詞止め形式になっているが，吹替えにおいても不完全な述語の各タイプが戦略的に用いられている例が確認できる。

(41) a それが　この国の伝統
　b 私はノースウエスタン大　ほぼ同期ね
　c 誰もその名を口にしない
　　俺も言わない
　d 検査が　いいかげんなのでは？

(42) a 映画観てアイスがアメリカの伝統（『デスパレートな妻たち』S3, 2008）
　b 私は2年後にノースウエスタン大を卒業（『プリズン・ブレイク』

45) ただし字幕の拡張版が吹替えというわけではないことに留意されたい。(39)(40) ではそれぞれ「欠場」と「予選落ち」が「金曜日の（ゴルフの）試合に参加しなかった」という状況を表しているが，このように同じ状況を述べるのに字幕と吹替えで指示内容が異なる語が使われることもある。

S1, 2006）

c その名は人々の口には
私も口にする気はない（『シャーロック』S1, 2012）

d 血液検査をしくじったのかも（『ドクター・ハウス』S1, 2009）

（41）（42）は同じ台詞に対する字幕と吹替えで，両方とも不完全述語の例は下線で表示してある。吹替え（42）は，順番に名詞止め，動名詞止め，助詞止め，そしてモダリティ一部の省略例で，それぞれ「アメリカの伝統（だ）」「卒業（した）」「人々の口には（のぼらない）」「しくじったのかも（しれない）」の意である。いずれにおいても述語の一部または全部，付随する文法形式などが省かれた形になっている。

そして各例の述語は，字幕と吹替えで不完全さのあり方が対応しているというわけではなく，（41）b,（42）b では使われた不完全述語のタイプがずれていて，字幕は名詞止め，吹替えは動名詞止めになっている。場合によっては（41）c と（42）c のように，字幕では省略していない述語を吹替えで省略するという風に，使用如何が逆転する例もある。

一方で全般的には不完全述語の使用は，（39）（40）の場合と同じく，吹替えテキストで頻度が減る傾向が確認される。字幕と吹替えで文字数を基準に大よその情報量を測ると，平均的に吹替えは字幕のおよそ 1.5 倍前後になっている[46)]。表 2 は，3.3 節で紹介した表 1 と同一作品・同一エピソードの吹替えテキストを観察したもので，項目別に不完全述語の出現回数などをまとめている（各作品の順番は表 1 と揃えている）。表 3 では，比較しやすいように字幕と吹替えの結果を並べてある。

46）吹替えのデータは，3.2 節で取り上げた英米テレビドラマ各作品の DVD で提供される日本語吹替え音声を文字起こししたものである。伝達媒体が音声なので，情報量を測るには音節数を数えるのが適切な場合もあるだろうが，ここでは字幕との比較のために文字数を基準としている。なお文字起こしの際は，字幕にも登場する語の表記は字幕と同一のものにし，字幕に登場しない語に関してはできるだけ漢字表記にすることで，該当形式の文字数が音節数より増えない形で採録した。

表２　吹替えにおける不完全述語の使用様相（作品別）

タイトル（略）	助詞止め	名詞止め	動名詞止め	その他	不完全述語合計	文字数	場面数（字幕基準）	不完全述語/場面数（%）
1. グレイズ・アナトミー	8	69	9	16	**102**	8534	655	**15.6**
2. シャーロック	22	69	8	5	**104**	16462	1353	7.7
3. ドクター・ハウス	13	30	5	13	**61**	9412	638	**9.6**
4. デスパレートな妻たち	3	34	2	17	**56**	8381	568	**9.9**
5. プリズン・ブレイク	11	22	7	3	**43**	7911	539	8.0
6. アリー・my Love	7	66	3	14	**90**	10105	665	**13.5**
7. メンタリスト	10	32	3	10	**55**	7719	602	9.1
8. 24	22	23	3	3	**51**	6682	532	**9.6**
9. ロスト	7	14	1	4	**26**	5455	474	5.5
10. フレンズ	5	32	2	10	**49**	9035	622	7.9

表３　字幕と吹替えにおける不完全述語の出現頻度の比較

タイトル（略）	不完全述語合計（字幕）	不完全述語/場面数（字）	不完全述語合計（吹替）	不完全述語/場面数（吹）
1. グレイズ・アナトミー	123	**18.8**	102	**15.6**
2. シャーロック	220	**16.3**	104	7.7
3. ドクター・ハウス	88	**13.8**	61	**9.6**
4. デスパレートな妻たち	70	**12.3**	56	**9.9**
5. プリズン・ブレイク	66	**12.2**	43	8.0
6. **アリー・my Love**	73	11.0	90	**13.5**
7. メンタリスト	63	10.5	55	9.1
8. **24**	48	9.0	51	**9.6**
9. ロスト	41	8.6	26	5.5
10. フレンズ	45	7.2	49	7.9

まず，不完全述語の場面当たりの出現頻度が高いのは『グレイズ・アナトミー』と『アリー・my Love』で，続いて『ドクター・ハウス』『デスパレートな妻たち』『24』が同程度の頻度を示している（表２及び３で右端

の該当数字を太字で表示)。字幕における出現頻度の順から変動があるが，字幕に比べて不完全述語の使用が減っている傾向が伺える。不完全な述語の出現頻度は，表 3 でタイトルが太字で表示されている 3 作品（6，8，10）では字幕より若干増えていて，それ以外の 7 作品では少ないというばらつきはあるが，全体的に吹替えで減る傾向にあることは確かに見てとれる。

一方で不完全述語の出現状況を項目別に比べてみると興味深い点が見えてくるが，助詞止めと名詞止めの使用に見られる違いに注目されたい。

表４　各作品の助詞止め・名詞止めの出現回数の比較

タイトル（略）	助詞止め（字幕）	助詞止め（吹替）	名詞止め（字幕）	名詞止め（吹替）	2形式合計（字幕）	2形式合計（吹替）	合計頻度（字幕）	合計頻度（吹替）
1. グレイズ・アナトミー	42	8	57	69	99	77	15.1	11.8
2. シャーロック	115	22	46	69	161	91	11.9	6.7
3. ドクター・ハウス	40	13	20	30	60	43	9.4	6.7
4. デスパレートな妻たち	20	3	37	34	57	37	10.0	6.5
5. プリズン・ブレイク	42	11	17	22	59	33	11.0	6.1
6. **アリー・my Love**	18	7	40	66	58	73	8.7	11.0
7. メンタリスト	27	10	22	32	49	42	8.1	7.0
8. **24**	32	22	11	23	43	45	8.1	8.5
9. ロスト	19	7	14	14	33	21	7.0	4.4
10. **フレンズ**	15	5	16	32	31	37	5.0	5.9

まず助詞止めと名詞止めの 2 項目を合わせた数は，全体的な傾向と同じく（太字で表示した 3 作品以外は）吹替えの方が少ない。しかしすべての作品において吹替えでは助詞止めの例が減少している一方，名詞止めは逆に増えるという傾向が著しい。特に助詞止めの減り方は下げ幅が大きく，『シャーロック』を始めとしてほとんどの作品で半分以下になっていることが確認できる。各例文を突き合わせてみても，字幕で助詞止めを使っている場合，吹替えでは動詞述語が示されていることが多い。

そして名詞止めの増え方に注目してみると，『ロスト』と『デスパレートな妻たち』以外，すべての作品の吹替えで字幕に比べて使用が増えている。名詞止めの出現回数自体が多いのは『グレイズ・アナトミー』『アリー・my Love』であるが[47)]，この2作品は字幕でも助詞止めに比べて名詞止めが多用される傾向が見られ，登場人物に女性話者が多いことが関わっている可能性もある。ただし字幕も吹替えも，名詞止めの例は女性話者の台詞だけに限らないし，何より字幕に比べてほとんど一貫して増えるというところには首をかしげたくなる。これまでの字幕・吹替えの比較例や表3から分かるように，吹替えには基本的に字幕より多くの情報が盛り込まれているが，これは言い換えれば字数に関する制約が吹替えでは多少ゆるくなっているということである。不完全述語の使用がどの項目でも減るならともかく，名詞止めだけが逆に増えることには，何らかの説明が必要となる。

繰り返しになるが，助詞止めの場合は述語において動詞そのものが省かれているため，動詞が示す事柄の具体的な内容が提示されない。一方で名詞止めは「だ」の省略によって名詞述語に不完全さが出るものの，情報量の損失は少ないという違いがあった。吹替えにおいて，情報量の損失がより多い助詞止めの使用は抑えられる一方で，相対的に損失が少ない名詞止めの使用が増えるというのは，不完全な述語の使用は吹替えにおいても戦略になっているものの，できるだけ情報量の損失を抑える方向で働いていることを意味する。つまり吹替えに存在する時間的制約に対して何らかの対応策は必要であり，相対的に名詞止めの使用が増えるのではないかと考えられる。

このことは吹替えで見られる助詞止めの例が，いくつかの項目に収斂していることからも裏付けられる。多いのは思考・発話動詞と，「ある/いる」「なる」など，相対的に意味内容の希薄なものである。また定型表現から述語部分が削られるなどの例も観察される。つまり，情報損失のダメージが少ないものが省略されるという偏りが見られるわけである。ただし，吹替えで発話の長さに対する制約が相対的に緩いのであれば，その分，情報量が増えるのも自然なことのように見えるが，それなら一つの疑問が残

47)『シャーロック』の場合，絶対数は多いが1話の分量が87分と他の作品の2倍であり，場面数当たりの頻度はこの2作品より低い。

る。情報量の少ない形式動詞を省略する例，つまり動名詞止めの例はなぜ増えないのかという点である。表 1，2 を比べると動名詞止めは吹替えで全体的に減っている。

それでは，このような傾向は他のテキストでも見られるのだろうか。助詞止めと名詞止めの違いは，述語において内容語が省略されるか，機能語が省略されるか，という違いでもある。起点テキストを共有しながらも，文字媒体である字幕と音声媒体である吹替えで省略傾向が分かれたのはなぜか，媒体の違う他のテキストにおいてさらに観察を進めていくと，意外な傾向が浮き彫りになる。

新聞記事と TV ニュース，討論番組の場合

続いて確認するのは，見出しと比較対象になりうるテキストである。ただし字幕と吹替えのように，見出しと同一の内容を共有しながら媒体だけ異なる，というテキストは存在しないので，いくつかの観点から比較分析に参考になるものを検討する。そのようなテキストとして挙げられるのは新聞記事，TV ニュース，討論番組である。この 3 種類のテキストは，取り上げるテーマの範囲が似ていて，公共的な性格が強く，フォーマルな表現形式が用いられやすいなどの性質を共有している。

まず見出しがついている記事本文は，取り上げているテーマは完全に一致するというテキストであり，見出しほどではないにしろ，紙面的な制約がある程度は働く。ニュースの場合，話題となる事件の概要を報道するという点で新聞記事・見出しとは扱っている情報の種類や機能が似ている。ニュースにおいても，一文ごとの長さに対する制約があるわけではないが，全体として時間枠に収まらないといけないという時間的な制約が存在する。さらに記事もニュースも，基本的に世の中で起きたことを新しい情報として伝達するのが主な目的なので，できるだけ明確に提供することが望ましいとされる。そのようなテキストで，先行文脈ですでに言及されたわけでもない述語の情報を省略し，推論にまかせるというやり方が頻繁に行われるとは考えにくい。しかしそれでも述語における省略例が見られることがある。

実際に見出しと，該当記事及び同事件のニュース文を比べてみよう。まず見出しでは 3.1 節でも確認した通り，述語における省略傾向が著しく，「申告」「対応」という動名詞が「する」なしで使われている。

(43)　エボラ，試された備え　羽田で申告，円滑に対応（朝日 2014.10.29）

(44)　男性を乗せたロンドン発の航空機が羽田空港に到着したのは 27 日午後 3 時 37 分。飛行機を降りた男性は，入国審査を受ける前に，指示に従い検疫所に立ち寄った。そこでリベリアに 10 月 18 日まで 2 カ月間滞在したことを申告。…検疫所は「念のため」として，国立国際医療研究センター（東京都新宿区）に搬送。…病院には午後 7 時半ごろ到着。…新感染症棟 2 階にある，ウイルスが外部に出ない減圧された特別な部屋に隔離され，防護服姿の医師が対応した。…（朝日 2014.10.29）

(45)　エボラ出血熱の感染が広がる西アフリカのリベリアから昨日羽田空港に到着し，発熱が確認された男性。エボラウイルスは検出されませんでした。男性は当初熱などの自覚症状がなかったものの自ら空港の検疫所に申告。医療機関に移され，早期の検査につながりました。…専門家は今後もし地方の方で感染が疑われる患者が出た場合，対応に手間取る恐れもあると指摘します。…（『NHK ニュース 7』2014.10.28）

新聞記事では，下線部に名詞止めの例や，「する」なしで用いられた動名詞止めの例が見られる。しかし全体の長さに比べれば使われる頻度は低くなる。動名詞止めの場合，見出しで使われた「申告」「対応」の他にもいくつかの動名詞が「する」なしで現れるが，「する」付きの例よりは少ないし，見出しの「対応」は記事本文では動名詞止めで使われてはいない。

同事件のニュースでも，不完全な述語が見られないわけではないが，見出しほど多くはない。「申告」は同じく動名詞止めで現れているが，「対応」は名詞として用いられるか，形式動詞と一緒に用いられている。このように記事とニュースでは，不完全な述語の例が見出しに比べて少なくなっている。特に敬体が基本とされるニュースでは聞き手待遇の形式を使う必要がある分，不完全さは抑えられやすいと考えられる。

同時期に放送されたテレビの討論番組では，不完全な述語の使用がさらに減るという傾向が見られる。尹（2017a）は，不完全な述語の使用件数が「新聞記事＞ニュース＞討論」の順に現れることを報告している48)。

特に名詞止めと動名詞止め，つまり情報量の損失が相対的に少ない「だ」や「する」という機能語の省略については，「だ」の省略より「する」の省略で違いが目立っていて，新聞記事とニュースでは見られる「する」の省略例が討論ではほとんど見られない。観察される例はいずれも討論中の発話ではなく，話題提供や視聴者に向けた背景情報の説明としてアナウンサーが原稿を読み上げる発話で見られたものであり，つまりはニュースと同じ性格のものである。「する」を省略する動名詞止めの形式は，生放送の討論番組のように事前に原稿を用意して言い回しを練ることができないテキストでは用いられにくいものと思われる。

討論番組の場合も，ニュースと同様，言葉使いに関しては基本的に丁寧体になるので，述語が不完全な形になることは新聞記事に比べて少ないことは予想できる。ただし日本語では丁寧体を基本としてところどころ普通体を混ぜるような言い方は可能である。例えば『朝まで生テレビ』では司会者が他のパネルに普通体を使うことがあり，パネルも人によってはやや格式張らないしゃべり方を混ぜることがあるので，日常会話に近い言い回しや普通体の例が見られる。そして「だ」が省略される例では，主に見られるのは以下の２種類に限られた。

(46) a 週 35 時間てのは一日何時間？

48) 使用データは，2014 年 10 月 27 日〜31 日の 5 日間の『朝日新聞』の国際面記事，同時期に放送された NHK の『NHK ニュース 7』の報道発話（天気予報とスポーツニュースは含めない），そして 2014 年 11 月 7 日に放送されたテレビ朝日の『朝まで生テレビ』1 回分の討論発話である。

b だからあらゆるところでやらないと人は育たないわけ

(46) a は名詞止めの例で，(46) b は「わけだ」という説明のモダリティからの「だ」省略である。公共の電波を使って討論者同士が意見を交わす対面コミュニケーションであることを考慮すれば，このように丁寧さを表す形式を欠いた表現はフォーマルさが低いと見做されるが，特定話者のやりとりでは見られることもある[49)]。

ただしこれは番組の性格によるところも大きいようである。同じ討論番組でも『日曜討論』はやや格式張った雰囲気で司会者もパネルも丁寧体を用いるのが基本で，(46) a のようにパネルに対する質問で普通体を使うような例は見られない。進め方もある程度決まっていて，発言は司会者を通して行われるため，司会者がパネルに質問をしてそれに答えるという形が基本であり，パネル同士でやりとりをするということもほとんどない。

一方で討論番組では，新聞・ニュースとはやや異なる傾向が現れている。不完全な述語の例自体が少ない討論番組で見られたのは，助詞「と」で締めくくられる例である。

(47) a まあ　ここでは中国の役割が大事だとアメリカも言い続けていますし　中国もただ経済制裁などだけの　圧力をかけてるだけではなくて働きかけをしてるんだろうと。

b さっき渡辺さんおっしゃったように，あの，北朝鮮っていうのはあの，いろんな国と関係を持ってると。特に ASEAN とは深いんですね。ASEAN 10 か国すべてと外交関係を持ってますね。

(NHK『日曜討論』2017.5.7)

(47) a では，下線部分が「と」で終わる助詞止めの形になっていて，続くと考えられるのは「思います」などである。b の下線部分では，続くものとして「という（わけです)」などを想定することができる。他にも「〜

49）実際（46）のような省略例は，司会者と数名の話者に偏っている（尹 2017a)。

と（って)」に続く述語の省略例が観察されるが主に「言う」「述べる」「思う / 考える」「みる」など，発話や思考に関するものである。番組の性格上，話し手であるパネルが自分の考えを述べたり，テーマに関連する事実を紹介したり，誰かの発言内容を引用するなどが頻繁に行われることから，「と」をとるこれらの動詞は，そもそも使用場面も多い。しかし思考や発話の行為そのものを意味する動詞よりはその内容が情報価値が高いので，発話中に動詞が抜けても別段，視聴者の理解に影響することは少ないのである。

とくに「いう」は，発話行為を表す以外に「ということだ」などの形で，話者がある事柄を別の言い方で述べるという「換言」のモダリティ形式をなす。似たような機能をする「というわけです」「という状況です」なども，話者が「と」に先行する内容をどのようにとらえているのかを示すという点で，モダリティに近いものなので，「と」の後が削られても命題内容は温存される。a の下線部でも，「と」に先行する部分ですでに「(働きかけをしてるん）だろう」という推量のモダリティが用いられている。つまり「(働きかけをしてるん）でしょう」という言い切りにしてもいい部分なので，続くと考えられる「と思う」の情報価値はさほど高くないことになる。実際，この傾向は他の音声テキストでも見られる。吹替えの助詞止めの例で多くの割合を占めるのは，「と」止め，つまり発言や思考動詞の省略である。

まとめると，吹替えと新聞記事，ニュース，討論番組というテキストでは，字幕や見出しに比べて情報量が増える分，不完全な述語の使用が減るという傾向は認められるが，それ以上に各テキストにおける特徴的な傾向も観察された。省略が見られる述語は全体的に「だ」「する」を始めとして情報量が少ないものに偏り，特に音声媒体の場合，性格の近い文字媒体のテキストに比べると省略される述語の種類も限られる傾向がある。吹替えでは「だ」の省略が増えた一方，同じ音声媒体でもニュースや討論では新聞記事より「だ」「する」の省略が減る。そして討論番組の場合，番組の性格及び参加者の言語習慣などに応じて，見られる述語省略のあり方が若干異なるものの，発話・思考動詞といった特定のものに限られている。また例自体も少なく，モダリティの一部になっている動詞やそれに近い役割をする動詞が欠ける程度で，全般的に情報の損失が少ない傾向が著しい。

テキストの種類と不完全な述語の使用

このような違いをもたらしている要因としてまず挙げられるものは伝達媒体の違いである。情報内容を伝える上で音声を使うのか，文字を使うのか，という基準では，文字で書かれた新聞記事は文字テキスト，討論番組における発話は音声テキストということになる。一方でニュースの場合，そもそもの原稿は文字で書かれるが，聞き手が情報を取り入れる媒体は音声であることから，音声テキストと見ることができる。字幕と吹替えの比較を含めた観察の結果からして，音声媒体の方が文字媒体に比べて不完全な述語の使用傾向が減るというのが全体的な傾向のようである。

もう一つは，テキストが事前に作られるかどうかの違いである。新聞記事の場合，伝達内容も表現形式も前もって計画された上で修正を経るのが一般的だが，生放送の討論番組はそうではなく，発話の多くは（ある程度は）即興的に行われる。ニュースの場合も音声で伝えられるが，新聞記事と同じく予め内容と形式が決まるので即興性は抑えられる。

そして，3種類のテキストの間には似ている部分もありながら，機能的に細かい違いも存在する。まず新聞記事とニュースは事実の報道が主な目的で，重要な事柄に関する情報をできるだけ客観的に発信するものであるが，討論番組で行われるやりとりは，ある事柄について客観的な情報を伝えること以上に，そのテーマの専門家などの出演者がどのような考えをもつか，つまり主観的な解釈を紹介することに重点がおかれる。それなら事柄に対する話し手の心的態度を伝えるモダリティ表現は，新聞記事やニュースに比べて討論番組の方で重要な役割をするはずで，モダリティの使用を深刻に制限するような省略の例（述語動詞そのものが欠けるなど）も，それだけ減るものと考えられる。

それでは，発話の長さに対する制限が相対的に緩いテキストであっても不完全な述語が用いられたことはどのように説明すべきか。見出しや字幕ほどタイトな制限があるわけではないので，経済性を保つこと以外の動機が働いていると考えた方が合理的である。見出しや字幕のような空間的・

時間的制約は，作成担当者が予めデザインするような場合はその動機が強く意識されるだろうし，反映もされやすいだろうが，生放送の討論番組で個々の話者が発話の長さを縮めるために意識的に用いるとは考えにくい。それにメディアの特性上，述語を省略してしまうと事柄の内容が分かりにくくなることから，情報伝達という目的を果たす上で戦略としての価値が低いことを考えても，何らかの別の効果をもたらすために用いられるという方向がより合点がいく。

これは，他のテキストの例からも裏付けられる。ニュースにおける発話でやや異色なのは，スポーツ関連の報道である。

（48）　勝ったチームがワールドチャンピオンとなる第７戦。ロイヤルズは２点を負う２回，ノーアウト１塁の場面。タイムリーツーベースで一点差。この後さらに同点とします。なお勝ち越しのチャンスで青木。ここは内野ゴロに打ち取られます。同点の４回，ロイヤルズはワンアウト１塁３塁のピンチ。タイムリーで再び１点を勝ち越されます。追うロイヤルズは５回，ワンアウト２塁で青木。予めライン寄りを守っていたレフトにとられ，追いつくことができません。（『NHK ニュース 7』2014. 10. 30）

同じニュース番組での発話でも，スポーツニュースでは他の報道発話とは明らかに口調が違うが，特に下線部分のように名詞（句）で文を締めくくるものが目立つ。このようなスタイルはスポーツ競技の中継で頻繁に見られるものとして知られている。

また字幕で不完全述語が多用される作品及びシーンには共通点があったが，吹替えの方でも同様の傾向が見られる。

（49）　A：LA 近郊で旅客機が墜落
　　　　　爆弾が仕掛けられたようです
　　　B：乗客リスト　ウォルシュに連絡だ

（50） A：たった今747がモハーヴェ砂漠の上空で爆発
　　　第一報では爆弾の可能性が高いと
　　B：乗客リストを　大至急ウォルシュを捕まえろ

（49）と（50）は同じシーンの字幕と吹替えで，大統領候補の暗殺計画の情報を入手したばかりの主人公のもとに，いかにも関連がありそうな旅客機爆発の報告が急に入るというやりとりである。吹替えの下線部はそれぞれ「爆発（しました）」「高いと（いうことです）」「乗客リストを（もってこい）」などに解釈できる。このペアではむしろ情報量の多い吹替えの方で字幕以上に不完全な述語が使われているところから，長さを縮めるためというよりは，緊張感を醸し出す演出の一環として機能していると考えた方がいいだろう。

他のテキストとしては，アニメーションの台詞が挙げられる。日本語のTVアニメの台詞に見られる機能語の省略について分析した尹（2017c）は，述語における省略例を報告している。以下はそれぞれ名詞止め，助詞止め，動名詞止め，モダリティの一部省略の例である。

（51） a でもあのテクニックじゃ乗ってるやつはみんな偽者（『ルパン3世』, 1971）
　　b 何でここに？（『進撃の巨人』）
　　c では改めて弁護人，尋問を（『逆転裁判』, 2016）
　　d 強化剤を早く吸わなくては（『エイトマン』, 1963）

比較的最近の作品だけでなく，1960年代の作品にも見られることから，昔から積極的に活用されてきたことが分かる。シリアスな場面で用いられたり，無愛想な登場人物の発話に繰り返し使われるなど，特定の場面での使用が目立つ。また，一部の登場人物では終助詞の使用が限られる例も見られ，特に感情の起伏の少ない冷静で寡黙なキャラクターに見られる。終助詞は特に「役割語」関連の分析で注目されており，様々なキャラクターの特徴づけに用いられることが指摘されているが[50)]，あえて用いないことによって特徴をもたせることもできる。述語における省略が特定の人物像を印象付ける上で有効な装置になっていると言える。

3. 5　文字媒体 vs. 音声媒体

これまでに観察してきた日本語の省略戦略のあり方を基に，話し手や書き手として使う時と，聞き手や読み手として接する時という対照的な立場から，どう違うかを考えてみたい。私たちが「発信者」である場合と「受信者」である場合は，省略を積極的に駆使する立場なのか，それともそれを受動的に解釈する立場なのかという違いがあるが，その際に戦略のあり方に影響する要因の一つは伝達の「媒体」である。つまりやりとりに文字を使う場合と，音を使う場合では，情報の種類によって戦略のあり方も違ってくる。

いわゆる「話し言葉」と「書き言葉」

言語によるメッセージが発信される形は，媒体を中心に分けると，大まかには文字媒体の「文」あるいは音声媒体の「発話」になる。発信者に備わっている言語知識などを基にメッセージを造り出す際に，目で視認できる記号を使うか，空気を介して伝わる音を使うかという単純かつ直観的な区分である。言い換えれば，疎通に使う道具がどの感覚器官から生産（及び知覚）されるのかが大きな分かれ目になるわけである。言語のあり方においては，基本的に音声を使った意思疎通が先で，それを記すための道具として文字が作られる（Ong 1984）。

作られたメッセージは，「話されたか」「書かれたか」で「話し言葉」「書き言葉」に分けられる。この 2 種類の「言葉」は，どの媒体を使っているかだけでなく，それぞれ対照的な特徴を示すことが指摘されている。いくつか本章の議論と関連する主な特徴を挙げておくと，例えば石黒（2015）

50）漫画やアニメなどで人称詞（おれ / ボク / わたし）や終助詞（ぜ / わ）などの言葉を使い分けることで登場人物の性格などをイメージさせるような日本語の仕組みのことである（金水 2003，山口 2007）。

は書き言葉と話し言葉を区分する「フォーマルさ」という特徴に，少なくとも「硬さ / 軟らかさ」と「あらたまり / くだけ」という二つの基準が関わっていることを指摘している。また滝浦（2014）は「揮発性 / 保存性」「対者的直接性 / 対者的間接性」という基準に加えて日本語の場合は「待遇性」の問題も関わるとしている。これは次章で扱う韓国語に対しても言えることである。

発信する立場から考えた時，もっとも使用者に影響しそうな性質は「即時性」であるだろう。予め作成してかつ見直すこともできる書き言葉とは違い，話し言葉の組み立ては，その場で即興的に行われる。だからねじれ，言いよどみ，言いかけ，繰り返しなどの不整表現は話し言葉では必然的に表れる特徴になる。書き言葉であれば，このような要素は添削の対象になってしまうだろう。

（52） まあ　逆に言うと　まあ　トランプ政権がこう出てきて　えー　まあ　やや唐突にですね　この問題を　まあ　出してきたっていうこともあってですね　まあ　これは構造的な問題がありますから　えー　それは　そ　正当ではあるわけですけれども　したがって　この　その先の読み方っていうのを　まあ　その　まあ　中国なり　特にロシアが　6者協議っていうことを言っておりまして　まあ　この間に上手くコーディネーションができるのかどうか　まあそのへん　非常にこの　重要で　まあ　面白いっていえば　不謹慎かもしれませんが　重要な時期になってきたと思いますね　（NHK『日曜討論』2017.5.7）

しかしこれは，二つの言葉を使う習慣によるところもある。音声と文字という媒体の違いと，人間がそれを使う習慣によって発生する違いを区分する必要がある。一般的に話し言葉は，その場でのやりとりに使うから「編集」の作業を経ないで発話される。いちいち練ってから発話をするわけではないから，「うっかり」「心にもないことを言ってしまう」といったこともある。その一方で書き言葉は，「推敲」と呼ばれる作業を経たものが提供されるのが普通で，途中産物を提示しない。いうなれば「下書き」と「最終版」の違いである。文字を使う場合でも即時的な使い方をする筆談の場合は，他の書き言葉のように整ったものにならない。つまり不整表現が多いというのは，音声と文字の違いというより，それを使う習慣によるものと見た方が妥当だろう。

もう一つ，従来の書き言葉・話し言葉の違いとして指摘されている特徴に「揮発性」がある。文字を使って記録に留められた言葉は，何回も読み返すことができるが，音声を通して発せられる言葉は産出と同時に消えていく。一方で書き言葉は文字で記したものが残るので，保存性が高いとされる。書き言葉の場合は基本的に読み手と対面することなく，一方的に書き手のメッセージが発信されることになるが，話し言葉では対面した相手と一緒に発話を進行させることになる。音声を用いた発話は時間の流れと共に行われるが，その揮発性ゆえに，メッセージを向ける相手と対面することで時間・空間を共有していなければならない。

ただ，実際はあるテキストが話し言葉であるか，書き言葉であるか，明確な線引きが難しいことも多い。テレビのニュースが代表的な例だが，ニュースは前もって文字で作成された原稿を音声で読み上げるので，中間的な位置づけになる。原稿を予め用意しているので話し言葉の特徴とされる「即時性」がない点から書き言葉の要素が強いとみることもできる一方で，最終的に視聴者に届けられる際の媒体は音声であり，音声で読まれることを想定して書かれるために話し言葉の要素も見られる。つまり書き言葉的な性格を持つ音声テキスト，という意味で「聞き言葉」と言われることもある（石黒 2014）。

中間的な性質をもつテキストは他にも多い。前節で扱った翻訳字幕もまた，話し言葉を模したものでありながら伝達の段階では文字になる。その一方で時間の流れに沿って基本的には 1 回しか提示されないので[51)]，揮発的要素もある。SNS やインターネットの短文，コンピューターやスマー

51）DVD やネット配信動画の場合は巻き戻すという操作も可能だが，劇場では不可能である。

トフォンのメールなどは，文字媒体でありながら会話のようなやりとりが見られる。このように「キーボードなどを打つことによって視覚化された言葉」は「打ち言葉」とも呼ばれる（田中 2014）。

これらの例はひと口に「話し言葉」または「書き言葉」といっても，音声と文字という伝達媒体の違いだけでは区分しきれないことを意味する。話し言葉テキストと書き言葉テキスト，それぞれに多様な要因が関わった結果，今のように性質の異なる両者に至ったことになる。

さらに 21 世紀に入ってインターネットが本格的に普及するなど，情報通信技術が発達し，社会が複雑化して情報量も爆発的に増えた現代では言語行動も複雑になってきており，メッセージの伝達目的や機能も多様化している。様々なニーズの拡大が相まって伝達媒体の使い方も多様になり，昔とは比べものならないほど多くのメディアが登場している。現在は「話し言葉」と「書き言葉」は，テキストを 0 か 1 かのように二分する離散的な概念というよりむしろ連続的な概念となり，「話し言葉的」「書き言葉的」というふうに程度を表すものとして考えた方が現実に即していると言える。

「解釈」の観点から見た媒体の違いと省略

言語は基本的に「時間的な現象である」としたチェイフ（1999）は，言語の算出と受容において時間の影響は話し言葉の方により直接的に及ぶとしている。これには音声媒体では情報の伝え方が基本的に時間軸に沿って「線条的」に行われるという点が深く関連しているだろう。つまり，音で情報が伝わる場合，聞き手は時間の流れと共に一単位ずつ取り込めることを強いられるのである。例えばその単位が「語彙」である場合，単語一つずつを順番に聞き取るという意味である。会話で相手が話す文章は，「今日」「の」「授業」「は」「ここ」「まで」「です」というふうに，一度に一語ずつ，時間に乗って感覚器官に入ってくるのである（そして各語もまた，より小さい単位である音で見ると音節一つずつ入る）。発話の中で二つの異なる語を同時に発することも，聞きとることも物理的に不可能なのである。話し言葉でのやりとりが時間軸に沿って線条的に行われるというのは，そういうことである。

もう一つ，話し言葉の場合，情報の提示は基本的に「一度きり」になる。音声で発話されたものは一度聞いたらそのまま消えてしまうので，「巻き戻して聞きなおす」ということができない。録音するのはもちろん技術的に可能であっても，日常会話をいちいち記録する人はいないだろう。また，相手に再び同じ内容を言ってくれるように頼むことも可能な時があるが，発話の流れを止めて逆戻りさせることになるので，あくまで例外的な行動と考えるべきである。

一方で文字で記されたテキストは，この2点が持つ限界から比較的自由である。情報は基本的に一度にまとめて開示される形になる[52)]。これは，文字媒体の場合では読み手が情報を取り込むペースを自分である程度までは調整できるため，任意の場所に立ち戻って確認を行う「遡及」が可能であることを意味する。文字で書かれたテキストに対する遡及行為は，何か「よく分からない」もの，つまり提示された情報を読み進めて正しく解釈しようとする作業で何か足りない部分がある時，それを補足する性質のものであると考えられる。音声媒体ではそのような遡及ができず，それは情報解釈を補足する手段が大きく限られてしまうことを意味する。

その点で圧縮的な省略形式は，聞き手に対して親切ではないということになる。音声媒体の場合，情報の取り込み方において「取り込みのペースが調整できない」「遡って確認することができない」など，文字媒体に比べて制約が多い。この制約は，省略のあり方にも影響するものと考えられる。

省略にあたって基本的な路線は，経済性を追求する一方で，情報の損失はできるだけ抑えることである。そのために内容語より機能語がまず省かれやすいことは，これまでに様々な例を通して確認してきた。

その極端な例が3.1節で見た新聞の見出しである。文・発話から機能語を取り除くと，「ASEAN 声明案 中国配慮」などのように内容語を並べただけの単純な構造になる。これは，必要最小限の中身だけ相手に突きつけ

52）ただし，実際の取り込み方は文字の場合でも基本的には線条的になるとされる。視覚を通して文字情報を読み取る仕組みに関しては Dehaene（2009）を参照。

る形であり，情報を発信する立場からしてみれば，長さを縮めて資源を節約できるというメリットがある。

しかし解釈する側にとっては，このような効率のよさが裏目に出る。すでに確認した見出しと翻訳字幕などに限らず，文字制限の強い説明文や記事などでは機能語を省いたコンパクトな形式が頻繁に見られるが，これらのテキストは往々にして「読みにくい」とされ，文脈などの他の情報がなければ意味を把握するのも難しい。機能語が省かれて入力情報の量が減るが，その代り，機能語の省略で消えた抽象的な関係情報は，読み手が推測しなければならない。つまり片方での効率のよさが，もう一方では負担となるわけである。

特に音声媒体の場合，もし日常会話で上記のようにキーワードだけを並べるような話し方をすれば，聞き手にちゃんと伝わるとは考えにくい。いま本書を手にしている読者はもちろん文字で読んでいるだろうが，「ASEAN 声明案 中国配慮」という文字列を耳だけで聞いて理解するのは決して容易なことではない。機能語の少ない発話では，各成分の間の抽象的な関係が示されないのは聞き手にとってはかなり不親切で，成分同士の関わり方を把握して発話が示す事柄の全体像をとらえる作業は認知的に負担がかかる。

仮にそのような発話を聞くとして，具体的に何をどうやって理解することになるのかを考えてみてほしい。聞き手は話し手から発信された音声を時間軸に沿って一語ずつ取り込みながら，解釈の作業を進める。時間とともに流れ込んでくる情報入力を受けながら，提示される複数の成分同士がどのようにつながっているのか，成分と成分の間に抽象的なリンクを張って出来事全体を頭の中で構築するという作業を，遡及ができない状態で記

53）この点と関連して，音声媒体であるにも関わらずニュースでは不完全な述語の使用がある程度見られた理由について述べておきたい。討論番組と比べた場合，両方とも媒体は音声だが，ニュースの場合は視覚的手段を活用して情報を補うことができる。ニュースでは通常，読み上げられる音声と同じ内容が字幕として画面上に表示されたり，報道する内容に直結する映像資料が常に一緒に提示されるのである。そのような情報の補足は視聴者の理解を手助けするものだが，予め構成を組み立てるニュースでは可能でも，生放送の討論番組では難しい。

憶だけを頼りに行うのは簡単ではないはずである[53)]。

機能語がたくさん入れば文は長くなり，構造も複雑になる可能性が高いが，その分，解釈を手助けする情報もたくさん提供されることになる。解釈のプロセスにおける認知的負担も軽くできる。このような状況を踏まえれば，少なくとも聞き手の立場からは，必要な情報だけ並べられることが「効率がよい」とは限らない。

コラム3 指物師のご都合のままに

新型コロナウイルスによるパンデミックが始まった2020年，多くの大学は感染拡大防止のために対面式の授業からオンライン授業に切り替える対策に出た。その際，多くの大学が利用したプラットフォームの一つは「Zoom」という画像会議ソリューションだ。すでに経験した人も多いだろうが，Zoomは複数の人間が映像と音声などを使ってリアルタイムで通信することができるというものである。画面共有や少人数グループに分けての話し合いなど，役立つ多様な機能が備わっていて，授業だけでなく在宅勤務でも用いられるようになり，一気に社会に広まるようになった。

中でも「リアクション」という機能を使えば，指定のアイコンで参加者の話に対する反応を画面上に表示することができる。SNSでの「いいね」表示のような，親指を立ててみせる手の形のアイコンや，「パチパチ」と拍手をしてみせる形のアイコンなどである。

しかしこれは考えてみれば，少し奇妙な話である。参加者同士では画面上の映像を見ながら会話をしているわけだから，ジェスチャーや表情など，対面で使える視覚的な表現手段はある程度使えるはずである。もし誰かの話に共感したのであれば，対面の会話で拍手のジェスチャーをするのと同じように，拍手する仕草をすれば伝わる。「おっ，いい話」と思うなら，わざわざアイコンを使わなくても自分の親指をグっと立てて見せれば済む話だ。それらのアイコンは，どうせ送った人の画面に表示されるから，アイコンに目を向ければ必然的に送った人の画像も目に入るだろう。だからこのアイコンがなければならない場合というのは，ビデオをオフにして参加する時くらいである。ビデオをオンにしている限りは，わざわざ手元のボタンを操作してアイコンを出すよりも自分の体を使った方が断然早くて簡単だ。しかし実際のところ，ビデオをオンにしている場合でもリアクションアイコンはけっこう使われるから，ちょっと不思議議である。

そもそもこのようなアイコンや絵文字などの「ピクトグラム」の類は，文字だけのコミュニケーションを補うために登場したはずである。それを考えれば，ZOOMのリアクション機能は，補助的な手段として作られた道具がどんどん使われだしたら，「実は要らないのでは？」というところまで入り込んだ例に見える。

一度便利な道具ができあがると，それは繰り返し使われることで定着するようになるという。George K. Zipf は人間が行動する際には「最小の労力」を求める原理が働くとして，その行動パターンを次のように例えている。「指物師は一度道具の位置を決めると，手を伸ばすエネルギーを節約するために今度は手近にあるものをよく使うようになる」（クルマス 1993）という。どうやら人間は，自分の労力をできるだけセーブできるように，自分の行動を道具に合わせることもやぶさかではないようである。より合理的な道具を求めるのと，すでにある道具で妥協するのと，どっちが労力が少なくて済むのか。怠け者としては悩ましいところである。

第4章

他言語との比較 ——韓国語は何をどこで省くか

前章までの内容を通して，日本語が様々なテキストの中で述語の一部または全部を省き，形態・統語的に「不完全な述語」を用いることを確認した。

この章では，情報伝達における効率と，それに向けた言語形式の使い方が反映された例として，日本語以外の言語では省略がどのような様相を示すか，その一端を観察していく。系統的に近い言語であっても省略現象のあり方は一様ではないことはすでに説明したが，第2章で紹介した一語文の場合も，同じ状況に対して使われる形が言語で一致するわけではないようである。例えば幼い子供が大人に抱き上げてもらおうとするとき，日本語だとイメージしやすい語は「抱っこ」という，動詞「抱く」から作られた名詞だが，韓国語の場合は「안아줘（anacwue)」という動詞（「anta（抱く)」の活用形）で，英語の場合は「up」という副詞である。

特に韓国語の場合，日本語とは言語構造面で類似点が多いことで知られているが，省略に関しては日本語に似たような部分とそうでない部分が見られる。この章では，韓国語で具体的にどのような省略現象が見られ，それが日本語の場合とはどう異なるかを通して，言語が異なれば効率よさの実現様相も変わるという，省略現象の幅広さを紹介したい。

以下では，まず韓国語という言語の概要を踏まえて音・語・句・文という言語単位別の省略現象，そしてテキストにおける省略様相の順で紹介しながら，日本語との類似点と相違点を考察する。提示される韓国語の例には日本語訳を付けているが，例文の内容を理解する上で支障をきたさない限り，用いられた韓国語の語彙にできるだけ形態的・意味的に近い日本語の語彙を当てることで，韓国語例の構造を再現するような形にしている。これは二つの言語の違い及び省略のあり方の違いをより浮きぼりにすることが目的だが，そのために訳文が日本語として自然ではない場合もある点を断っておく。

4.1　言語構造の比較——韓国語は日本語とどこが似ているか

韓国語[1)]は，日本語と様々な点で似ている言語とされる。「日本語と語順が同じで学びやすい」という話は，外国語の履修科目を決める際に有効な情報として聞いたことがあるのではないだろうか。この節ではまず，以降の議論を理解する際に必要な韓国語の基礎知識を簡単に紹介しておく。韓国語はどのようなところでどの程度，日本語と似ているのか，具体的な例を通してもっとも基本的なところを押さえながら確認してみよう。

基本的な骨組みが似ている

第一に，韓国語は「基本語順」が日本語と同じである。
「基本語順」とは，文の中でもっとも中心的な要素とされる「主語（S: Subject)」「目的語（O: Object)」「動詞（V: Verb)」が現れる順番のことである。要素がS, O, Vと3つなので，可能な順番の組み合わせは6通り[2)]あるわけだが，どのような並び方になるかによって世界の様々な言語をタイプ分けすることができる。ただし世の中の言語が6つのグループに均等に分かれるというわけではない。世界には6,000から8,000の言語が存在すると

1）日本では「朝鮮語」とも呼ばれるが，本書では分析対象のデータがすべて韓国のテキストから採集されたものであることから，便宜上「韓国語」を用いることにする。なお韓国語の詳細な知識に関してさらに興味のある場合は，李翊燮他（2004)，油谷（2005）などを参照されたい。
2）SOV, SVO, VSO, VOS, OVS, OSV。

いわれるが，その半数以上が「SOVタイプ」であるとされている（風間他1993，斎藤2010）。日本語と韓国語はこのSOVタイプの言語で，両方とも主語が一番最初に，続いて目的語，そして動詞が文の最後に位置する。以下で見られるように，「경찰（警察）」が「범인（犯人）」を「잡다（つかまえる）」という順番になるのである。

(1) a　경찰이　범인을　잡았다
　　Kyengchali　peminul　capassta
　b　警察が　犯人を　つかまえた

第二に，韓国語の文法的装置は，日本語と非常に似ている。おおざっぱな言い方をすれば，文を組み立てる際に用いる様々な道具やその使い方に共通点が多いということであり，いわゆる「文法が同じ」というのはこのことである。

(2) a　그 범인　-은 경찰-에　잡 -히 -고　싶　-지 않-았 -겠　-지
　　Ku pemin　-un kyengchal-ey cap -hi　-ko　sip　-ci ash-ass -keyss　-ci
　b　その犯人　-は　警察-に　つかまえられ　-たく -な-かった-んだろう-ね

(2)は，同じ意味の韓国語文と日本語文の例で（＝3.3節の（33）），(2)aは，(1)で用いられたのと同じ3つの内容語「경찰（kyengchal, 警察）」「범인（pemin, 犯人）」「잡다（capta, つかまえる）」を中心に組み立てられている。まず(2)が表している中心的な出来事は「（誰かが誰かに）つかまる」というものだが，動詞の形に注目されたい。(2)aの動詞述語は「잡-히-고싶-지않-았-겠-지（つかまえられたくなかったんだろうね）」のように長いが，これは元の動詞「잡다（つかまえる）」の語根に様々な形式[3]を付け足すことでより複雑な事柄を表すという仕組みで作られているからである。これは

3) 付けられている形式はそれぞれ受身の「히（られ）」，主語の願望を表す語尾「고싶（たい）」，否定の語尾「지않（ない）」，過去の語尾「았（た）」，話し手の推測の語尾「겠（だろう）」，終助詞の「지（ね／な）」となっている。

第3章で紹介した「膠着語」というタイプの言語に見られる仕組みで，韓国語も日本語と同じ膠着語に分類される言語である。

さらに，動詞述語以外の成分の使い方も似ている。「범인（犯人）」と「경찰（警察）」は(2)の出来事の中での立ち位置が異なるが，その違いは「은（は）」「에（に）」という助詞を通して示されている。つまり(2)aで「범인」は「つかまえられる方」で，「경찰」は「つかまえる方」であるが，このことはそれぞれについている「은」「에」と述語動詞の関係から分かる，というわけである。

このように韓国語は，動詞（または形容詞）に様々な語尾をつけることで文法的情報を付け足していったり，助詞を使って文の中での役割を示すという，日本語話者にはなじみのあるやり方で文を組み立てているのである。

続いての類似点は，何といっても漢字の影響が大きいことである。韓国も日本と同じように漢字文化圏と言われ，語彙の中には固有語（日本語で言う「和語」）だけでなく，漢字を用いた漢語が数多く存在することが知られている。例えば以下(3)のように，似たような意味を持つ語でも固有語と漢語の両バージョンがあることも多い。

(3)	세우다	vs.	설립하다
	seywuta		seliphata
	建てる	vs.	設立する

韓国語の「설립（selip）」は，漢語「設立」の韓国語式発音を記したものである。「설립」のような2文字の漢語は，韓国語の中で使用頻度が非常に高い。これは日本語の「サ変動詞」の語幹に当たる「動詞性名詞」（第3章参照）で，他にも「출발（出発）」「설명（説明）」など豊富に存在し，多くの場合，日韓で意味的にもほぼ対応することが知られている[4)]。さらに振る舞い方も日本語の場合と同じで，意味的には出来事などを表し，単独では名詞として用いられるが，「하다（する）」と結合して動詞になることもできる。

(4)　약속 ＋（을）＋ 하다 → 약속（을）하다
yaksok ul hata yaksokul hata
約束 ＋（を）＋ する → 約束（を）する

「하다（hata)」は韓国語の形式動詞で，おおむね日本語の「する」「やる」に対応するものである。(4)で見られるように動名詞「약속（約束)」と結合して「약속하다」という形を作る[5]一方で，助詞「을（を)」の介在した「약속을 하다」という形で用いられることもできる。このような動名詞と形式動詞の組み合わせは，同じ意味の固有語動詞に比べてやや硬いニュアンスを持つ傾向があり，新聞を始めとしてレポートや書類，学術書など，客観的な情報伝達の機能が強いテキストで用いられやすいという点も，日韓で共通するところである。

似ているけどちょっと違う

他にも韓国語が日本語と共有している特徴は多いが，そのうち，微妙な違いが目立つものも簡略に紹介しておく。代表的なものは，敬語である。両言語とも敬語体系を持ち，敬語形式を作る仕組みも似ている。

(5)　어머니는　외출하셨어요
Emeninun oychwulhasyesseyo
お母さんは　外出されました

---

4) ただし例外も少なからず存在する。例えば「공부」に該当する漢字は「工夫」だが，これは「勉強」という意味であり，日本語の「工夫」とは漢字構成が同じでも意味が異なる。場合によっては「割愛」のように日韓で意味が真逆になることもある（日本語では「省く」だが，韓国語では「(時間などを）わざわざ与える」の意)。また日韓それぞれで独自の漢語もあって，日本語の「勉強」という漢字は韓国では使用されないなど，微妙な違いが見られる（油谷 2005)。

5) この組み合わせ方にも，動名詞によって日韓で微妙な違いがあり，それぞれでしか用いられない組み合わせが存在する。例えば「말（言葉）하다」(「話す」の意味)，「시험（試験）하다」(「試す」の意味）などは韓国語だけの組み合わせで（*言葉する，*試験する)，「意見する」「故障する」は日本語でしか使われない（*의견（意見）하다，*고장（故障）하다)。

(6)	외출	-하-	시	-었	-어요
	Oychwul	-ha	-si	-ess	-eyo
	外出	する	敬語	過去	丁寧

(5)では「외출하다（oychwulhata，外出する）」という動詞が尊敬語の形で用いられているが，これは「-시-（si）」という形式を動詞の語根「외출하-」につけることで可能になる(6)。「시」は意味的にも日本語の「-れ/られ」に該当する形式で，これが動詞につけられると，その動詞の主語名詞句が示す対象が「敬う対象」として表示されたことになる。また最後に「-어요（eyo）」という形式をつけることで，会話の相手に対する丁寧さを表すという点も，おおむね日本語の「です/ます」形と用法が共通するところである。

このように形式的な類似点がある一方で，日韓では敬語を用いる基準などの使用規則がやや異なり，日本語では敬語の対象にならない人物に対しても，韓国語では敬語を使わなければならないことがある。その代表的な例が(5)のように身内に対する敬語使用である。相手と自分の年齢関係が主要な基準となる韓国語の敬語では，親は身内であるが明らかに自分より年齢が上なので「敬語を使う対象」と認識され，身内でない人と会話をするときも敬語を適用するというわけである[6)]。

また韓国語は，独自の文字を使う。独自の文字体系をもつ言語は世界的には少数派であり，韓国語と日本語は珍しい特徴を共有しているといえる。両言語とも，中国由来の漢字と深い関わりを持ちながら，漢字の他に固有の文字体系を用いている。日本語はひらがなとカタカナ，韓国語は「ハングル」と呼ばれる，音声を表す文字体系を使っている[7)]。

一方で，韓国語に見られる特徴的な表記法がある。日本語の場合，仮名

6）この違いは「日本語は相対敬語で，韓国語は絶対敬語」という風に説明されることがある。日本語の敬語は同じ相手でもその相手との関係性によって使用するかしないかが影響されることがあるが，韓国語の敬語使用は，基準（主に年齢）を満たす人物に対しては必ず敬語を用いるという仕組みになっている。韓国語の敬語に関しては，梅田・韓（2009）を参照。

文字は最初から子音と母音が合体した「音節」のまとまりになっているが，韓国語の文字は英語のアルファベットのように子音と母音のパーツが分かれている。さらにこれを実際に書くときは，英語のように横一列に並べるのではなく，1 音節ごとに構成パーツをひとまとめにして表記する。

これまでに紹介された例文から不思議に思った読者もいるだろうが，例えば「약속（約束）」の場合，最初の音節「약」を構成する「ㅇ」「ㅑ」「ㄱ」の 3 つのパーツは，横並びになっているのではなく，□の中に納まるように配置される[8)]。これは「パッケージング（packaging）」と呼ばれる，音節ごとのまとめ書きの方式であり，「マス」の一つ分が文字数を数える単位になるのである。

もう一つ，両言語においては漢字を表記の際に利用する程度に違いが見られる。日本語は漢字，ひらがな，カタカナの 3 種類の文字を中心に文を表記するのに比べて，現代韓国語はほとんどハングル文字のみを用いるようになっている[9)]。

だからたとえ漢語であっても，語を構成する漢字は表記に使わず，その漢字を韓国式に読んだ音をハングル文字で記す，というやり方をしている。ただし漢字がまったく用いられないというわけではなく，新聞などの一部のテキストで見られることもあるが（4.3 節参照），現代韓国語テキスト全体からすれば使用はかなり少ない。そのうえ使い方も，同音異義語と混同する恐れのある場合にハングルと漢字を併記したり[10)]，特定の語を強調する目的で特殊記号のように用いたりと，限定的である。

7）日韓の文字は，日韓語以外の他の言語で書き言葉の媒体として使われない。私たちがよく知っている「A, B, C, …, Z」というアルファベットが（多少のバリエーションはあるものの）英語を始めとした数多くの言語で文字として導入されていることと比べると，特徴的である。

8）各パーツのマス内の配置はあらかじめ決められていて，まず最終子音がある場合は下に置かれる。最初の子音は音節の中心である母音の文字の形によって左右配置になるか，上下配置になるかが決まり，納まりがいいように大きさなどが調整される。

9）ハングル文字が作られたのは 15 世紀だが，それまでに表記に用いられたのは漢字で，ハングルの登場以降も主要な表記手段は漢字であったとされ，20 世紀の出版物（学術書籍，特に新聞）は日本語と同じようにハングルと漢字を併用していた。1980 年代以降から徐々にハングルだけの表記に移行し，21 世紀になってからは漢字はほぼ見られなくなっている。

약：子音「ㅇ」母音「ㅑ」子音「ㄱ」
속：子音「ㅅ」母音「ㅗ」子音「ㄱ」

ㅇ ㅑ ㄱ ㅅ ㅗ ㄱ

図１　韓国語の文字配列，「약속」の例

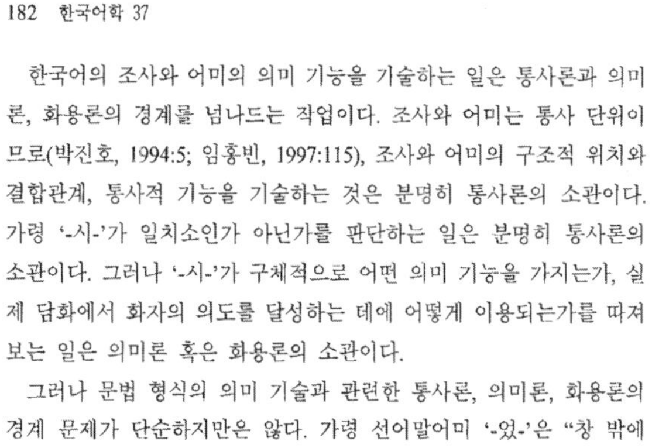

182　한국어학 37

한국어의 조사와 어미의 의미 기능을 기술하는 일은 통사론과 의미론, 화용론의 경계를 넘나드는 작업이다. 조사와 어미는 통사 단위이므로(박진호, 1994:5; 임홍빈, 1997:115), 조사와 어미의 구조적 위치와 결합관계, 통사적 기능을 기술하는 것은 분명히 통사론의 소관이다. 가령 '-시-'가 일치소인가 아닌가를 판단하는 일은 분명히 통사론의 소관이다. 그러나 '-시-'가 구체적으로 어떤 의미 기능을 가지는가, 실제 담화에서 화자의 의도를 달성하는 데에 어떻게 이용되는가를 따져보는 일은 의미론 혹은 화용론의 소관이다.

그러나 문법 형식의 의미 기술과 관련한 통사론, 의미론, 화용론의 경계 문제가 단순하지만은 않다. 가령 선어말어미 '-었-'은 "창 밖에

図２　ハングル文字のみが使われた韓国語のテキスト（2007）

4．2　韓国語の様々な省略

軽量でコンパクトに――音の省略

各種の文法的な仕組みが日本語と非常に似ている韓国語だが，どこを削

10）ただし同音異義語自体，数が少なく，実際の文脈の中では意味が特定されやすいため，この使い方も数としては多くない。このように漢字を使わないで読み方のみを使うというやり方は，日本語でいうなら漢語をすべてひらがなで表記しているものと同じで，日本語の感覚からは「ものすごく読みにくいのでは？」と思うかもしれないが，そもそも韓国語では，各漢字に読み方として充てられる組み合わせ（音節一つ分の一マス）の数が 1,000 を超えるため，ハングル文字だけを使用してもさほど不便にならない（ひらがなは 50 前後しかないので必然的に同音異義語が増えてしまう）。ハングル文字の仕組みや漢字使用に関する議論については，Taylor & Taylor（1995），Hannas（1997），クルマス（2014）も参照。

って短くするのか，という点においても多くの共通点が見られる。第2章で紹介した日本語の様々なレベルで見られる省略は，韓国語の場合でも音・語・句・文という各レベルで類似した傾向が観察される。まず音声媒体の話し言葉では，音や音節が脱落したり，発音の崩れが見られたりすること，場合によってはその崩れた発音を文字表記にも反映する場合があることなどが挙げられる。

(7) a　무엇 → 뭐
mwues　mwue
何
너무 → 넘
nemwu　nem
すごく
b　빨리 → 빨
ppalli　ppal
早く
선생님 → 쌤
sensayngnim　ssaym
先生
c　나-는 → 난
na nun　nan
私 は
전화-를 → 전활
cenhwa lul　cenhwal
電話　を
너-　에게 → 네게
ne　eykey　neykey
あなた に

(7)a, b は，一部の音・音節の脱落で語全体の音節数を減らすという例で，

文字テキストよりも日常会話などの音声発話，及びそれに近いもの（小説の会話文など）で目立つものである。例えば「선생님（sensayngnim, 先生）」という単語は，いくつかの音が落ちて簡略に１音節になることがあり，さらにその発音を音のままに表記した「쌤」が文字媒体のテキストでも使われるようになっている。特に強調のために繰り返される場合や，早口でしゃべるときに発音しにくい音などは落ちやすい[11]。

(7)c は名詞句で体系的に見られる省略で，一部の助詞が名詞と共起する際に音が脱落して全体の長さ（及び文字数）が減るというものである。これは助詞に先行する名詞の最後の音節が母音で終わるときに起きるというふうに，音韻的に条件づけられたものである。(7)c の「나（na, 私)」は母音「ㅏ（a)」で終わっているため，助詞「는（nun, は)」との共起で「난（na-~~nu~~-n)」となるのである。

(7)が主に音声ベースで起きる省略だとすれば，以下は基本的に文字ベースで見られる例である。

(8) a　부끄럽다　→ 부끄럽
pwukkulepta　pwukkulep
恥ずかしい

b　하하 → ㅎㅎ
haha
ハハ

감사　→　ㄱㅅ
kamsa
感謝

인정 → ㅇㅈ
inceng

11)「ものすごく」の意味である「너무너무（nemwu nemwu)」が「넘넘（nem nem)」になったり，人を催促する際に何回も繰り返して「빨리빨리빨리（ppalli ppalli ppalli)」などと言うときは「리（li)」がほぼ聞こえなくなる，などが挙げられる。日本語で「なになになになに？」の発音が崩れたりするのと似ている。

認定

c　이거 레알　반박　불가[12) → ㅇㄱㄹㅇ ㅂㅂㅂㄱ

ike　leal　panpak　pwulka

これ　リアル　反論　不可

(8)a は比較的最近の現象で，動詞や形容詞の最後の1音節「다（ta)」を省くというものである。韓国語の動詞・形容詞の基本形はすべて「다」を最後の音節としてもつようになっていて（잡다：つかまえる，세우다：建てる，외출하다：外出する），十分に予測できる部分を省くというのは，分かりやすい省略の方式であるといえる[13)]。

(8)b は日本語ではあまり見られない現象で，ある語や句を構成する各音節の最初の子音だけを書き並べるというものである[14)]。例えば「ははは」のような笑い声を表す擬声語の「하하（haha)」から最初の子音である「ㅎ（h)」だけを残して「ㅎㅎ」という形で使ったり，「감사（kamsa, 感謝)」の子音だけを用いて「ㄱㅅ」とし，「サンキュー」のように軽い挨拶として使ったりする。これらの子音列は単独で使われることもあるが，「이건 진짜 ㅇㅈ（iken cincca ㅇㅈ，これはマジで納得)」のように，より長い言い回しの一部として用いることもあるので，少なくともネット用語としてはかなり定着しているといえる。また(8)c のように比較的長い句を同じ方式で略する例も見られる。インターネットや SNS などで文字数（ひいて

12）インターネットの書き込みなどでよく見られるが，誰かの意見に対して「まったくその通り」という賛同の意を表すコメントとして用いられる。

13）この例は第2章で観察した日本語のイ形容詞の「い」を省くというやり方にも多少似ているが，詳細は5.1節で述べる。

14）この違いは仮名が「音節文字」であるのに比べ，ハングル文字は「音素文字」であることに起因する。「音素文字」とは，英語のアルファベットのように子音と母音が分離している文字体系のことだが，最初から子音と母音が一体となって音節をなす仮名文字では，音節における子音と母音の区分は直感的に分かりにくいためであると考えられる。ただし日本語でも，インターネットなどで用いられる「gdgd」（「ぐだぐだ」の意）や「w」（「笑い」の意）などは近い例である。また「KY（空気読めない人)」「JK（女子高生)」などもあるが，こっちは音声会話でも「ケーワイ」「ジェーケー」のようにアルファベットの読み方を使うので，性格としては隠語に近いと言える。

はキーの打ち込み回数）を減らす効果が大きいことから広まったものとされるが，子音だけの列を発音することはできないので，音声発話では使われない。

他にも挨拶や感謝・謝罪の表現など，頻繁に用いられる定型表現で音の省略が見られやすいのも，日本語と似ている部分である。例えば5音節の「미안합니다（mi-an-hap-ni-ta，すみません）」は，会話で3音節に近い発音になりやすく，その発音を文字化した「먀남다（mya-nam-ta）」が文字テキストで使われたりもする。頻繁に用いられる語または句が音の脱落を経て，略式バージョンが何らかの形で定着することは，どの言語でも普遍的に見られるものと思われる。

次は語（以上）のレベルにおける省略現象を観察してみよう。ここでも日本語の場合同様，長い単語を短くする略語は頻繁に見られるものである。

(9) a　[안]전 [보]장 → 안보
ancen pocang　anpo
安全 保証　安保

b　[방]송 [통]신 [대]학 → 방통대
pangsong thongsin tayhak　pangthongtay
放送 通信 大学　放通大

c　[아]이스 [아]메리카노 → 아아
aisu ameylikhano　aa
アイス アメリカーノ

d　[케]이스 [바]이 [케]이스 → 케바케
kheyisu pai kheyisu　kheypakhey
ケース バイ ケース

e　[멘]탈 [붕]괴 → 멘붕
meynthal pwungkoy　meynpwung
メンタル 崩壊

漢語の複合語が短くなるのは，(9)a のような一般名詞だけでなく，固有名詞（(9)b）にも見られる。また漢語だけでなく(9)c, dのような外来語及び英語表現[15]，そして外来語と漢語からなる混種語(9)eに至るまで，幅広く観察されるものである。いずれの例も，複合語全体を構成する各意味単位の最初の一音節ずつを取り出して組み合わせる，というやり方になっている。これは語の中の特定の意味要素を選んで省いているというわけではなく，一律に特定位置の音節だけを残すという点で日本語の「卒論」「あつ森」（2.1節）などに近い現象である。

さらにこの略し方はかなり生産的で，語より大きな単位にも適用される。

(10) a 마음의 상처 → 마상
maumuy sangche masang
心の 傷

b 따뜻한 바닐라 라떼 → 따바라
ttattushan panilla lattey ttapala
温かい バニラ ラテ

c 솔직히 까놓고 말해서 → 솔까말
solcikhi kkanohko malhayse solkkamal
正直 ぶち明けて 言って

原理は(9)で見た伝統的な複合語からの略語づくりと同じく，それぞれの意味単位となる構成素（おおむね，分かち書きで分けられる塊と一致する）の最初の一文字を切り取って並べるというものになっている。例えば(10)aの「마상」は，「相手の言動などの理由で起きるちょっとした気持ちの沈みや揺れ」を意味する新造語で（「トラウマ」などのような深刻な意味ではない），「마음（maum, 心）」と「상처（sangche, 傷）」を助詞「의（uy, の）」でつなげた名詞句を基に作られている。また(10)bは形容詞の修飾を受ける複合語（連体修飾の名詞句）で，(10)cは他（複文における主節）を飾る副詞

15）本来の「case by case」は「個別に」という意味をもつ副詞句の形をしているが，韓国語では日本語の場合同様，「時と場合で違う」という状況を表す名詞として使われるので，句というより語のように認識されている可能性がある。

節[16]の形をしているが，いずれも(9)と同じような略し方が適用されている。

このような略し方は最近，特に若者の間で新語を作る際に積極的に取り入れられていて，語以上の単位に対しても用いられるという点で，主に語が対象だった従来のパターンに比べてかなり奇抜である。

(11) a [만]나서　[반]가워　[잘]　[부]탁해　→ 만반잘부
Mannase　pankawe　cal　pwuthakhay　manpancalpwu
会えて　うれしい　よろしく　お願いする

b [졌]지만　[잘]　[싸]웠다　→ 졌잘싸
Cyessciman　cal　ssawessta　cyesscalssa
負けたが　よく　戦った

さらには(11)のように完全な文[17]に対しても適用されるが，(11)a の場合，初対面の相手に対する挨拶である「만나서 반가워」と「잘 부탁해」の二つの定型表現をつなげて４音節（文字）にしている。また(10)b はスポーツ試合などで負けた選手の健闘ぶりを讃える労いのコメントとして用いられるもので，特定の状況に慣習的に使われるという点では定型表現に近いと言える。

ちなみに，４文字構成の略語作りは(11)a のような複文構造に適用される例が見られる。

(12) a [겉]은　[바]삭　[속]은　[촉]촉　→ 겉바속촉
Kethun pasak　sokun　chokchok　kethpasokchok

16) 日本語の「ぶっちゃけ」に近い意味で，副詞節としての本来の機能を保ったまま文副詞として使われる。英語にも近い例として「to be honest」を略した「TBH」がある。

17) (11) b を構成しているものは，文というより単語の連なりのように見えるかもしれないが，これは「졌다（負けた）」と「잘 싸웠다（よく戦った）」という，二つの文が接続詞でつながれた「複文」構造をしていると見做される。時制の形式や動詞を修飾する副詞などを備えていることから，文法的には完全な文に近いものと考えるのである。

外は　カリカリ 中は　しっとり

b [내]가 하면　[로]맨스 [남]이 하면　[불]륜 → 내로남불

Nayka hamyen lomaynsu nami hamyen pwullywun　naylonampwul

私が すれば　ロマンス 他人が すれば　不倫

c [할]말은 [많]지만　[하]지 [않]겠다 → 할많하않

Halmalun manhciman haci anhkessta　halmanhhaanh

言うことは 多いが　言うまい

d [사]랑에 [빠]진 게 [죄]는 [아]니잖아 → 사빠죄아

Salangey ppacin key coynun anicanha　sappacoya

恋に　落ちたのは 罪では ないだろう

(12)a は食べ物の食感がよい状態を述べる表現として，(12)b は同じ事柄に対するダブル・スタンダードを非難する表現として使われる。両方とも，同一構造の単文を二つ重ねた複文を基に 4 文字の語のような形式に縮められているが，固有語や漢語，外来語を問わず各かたまりから最初の一音節を取るというシンプルなやり方で作られていることが分かる。また並列関係だけでなく，(12)c のような逆接関係の複文に用いられることもある。この例では二つ目の文が「하지 않겠다（言わない）[18]」という，「하다（する）」の活用形の動詞述語だけになっているが，そこからあえて 2 文字を用いた形の略語が作られている。他にも(12)d のように埋め込み構造の複文に適用された例も見られる[19]。

このように各単文から 2 文字ずつを取り出して「2：2」の対をなす構造にするのは，日本語の複合語などで 2 モーラずつを切り取る戦略とも通じ

18）韓国語だけの動名詞構成である「mal（-ul）hata」（話す，しゃべる）から「hata」部分だけを否定形にしたものとして理解すれば，例文での意味は「言わない」に該当する。

19）元の文は 2020 年に韓国で人気となったあるドラマの台詞で，不倫を犯した夫のあきれた弁解として視聴者の怒りに火をつけたことから流行語となり，略語まで登場した。ただし状況がかなり限定的であるため，実生活で使用するというよりは当該のドラマを話題とするときに言及される例（ドラマの紹介文，ネット上のミームなど）がほとんどである。

るところがある[20)]。これらの例は一言で表現するのが難しい複雑な状況やそれに対する心情などを短い形式で含蓄的に表すという点で，情報伝達における効率が高いと言えるだろう[21)]。

関連する例として紹介すると，この方式は作られた略語が他の語を作る「語形成」のパターンとして取り入れられることがある。

(13) a 사람 바이 사람 → 사바사
salam pai salam sapasa
人 バイ 人

b 그 가게 좀 사바사일 것 같은데 나는 만족했어.
Ku kakey com sapasail kes kathuntey nanun mancokhaysse
あのお店 ちょっと サバサだろうけど 私は 満足した
(＝あのお店，ちょっと人によって違うだろうけど私は満足した)

(13)a は(9)d の「케이스 바이 케이스（＝케바케，ケース・バイ・ケース)」と同じ構造だが，「케이스（ケース)」の位置に「사람（人)」という別の語が入っていて，(13)b のように「人によって違う」という意味で使われる。(9)d と同じ方式が適用されて「사바사」に略されたように見えるが，使

---

20)「2：2」という構造は，音韻面でも安定的なものとして好まれるためではないかと思われる。

21) このような略し方は，漢語四字熟語の形式に影響されたものである可能性がある。韓国語には中国由来の漢字四字熟語やそれに近い構成の漢語表現が多く，文の中で様々な成分として用いられるなど，用法も幅広い。

i. 名詞：감언이설（甘言利説：甘い言葉）ex. 감언이설에 넘어가다（〜に騙される）
ii. 動名詞：횡설수설（横説竪説：支離滅裂な言葉）ex. 횡설수설 -하다（支離滅裂に話す）
iii. 副詞：구구절절（句句節節：言うことすべて）ex. 구구절절 변명하다（いちいち言い訳をする）

4 文字の漢語表現は日本語にも豊富だが，使用の詳細を観察すると日韓で違いも見られる。例えば「동서남북（東西南北)」「파란만장（波乱万丈)」などは日本語でも同じ漢字構成があるが，「어불성설（語不成説：「理に適わない話」の意)」のように日本語では使わない例なども珍しくない。反対に，韓国語では用いられない日本語の例や（「一生懸命」「笑止千万」)，漢字構成が日韓で異なる例（「老若男女」「古今東西」の場合，韓国語は「남녀노소（男女老少)」「동서고금（東西古今)」）もある。

用例を観察すると少し様相が違うようである。まず(12)a の「사람 바이 사람（salam pai salam)」という表現自体，略語の「사바사」の意味を説明する時くらいにしか使われず，そもそも「케바케」という造語の登場以前は使われていない。つまり「사바사」は，「사람 바이 사람」に上記のパターンが適用された略語であるというより，略語の「케바케」をもじって作られた造語だと考えた方が妥当である[22)]。このように語だけでなく句・文にまで適用範囲が広がり，一過性の新語作りのパターンではなく，韓国語の中で生産的な方式として定着していくようである。

「楽したい」はどこも同じ？ ——語・句・文の省略

韓国語も日本語同様，音や文字の単位で長さを減らす戦略が有効であることを確認したが，伝える情報量を減らすために「どれを削るか」を意識する方向の戦略でも，日本語と同じ傾向が見られる。この段階では，先行文脈で言及されたもの，または言及はされなくても様々な理由で伝わると判断されたものが省かれるようになる。

(14) A: 전화　걸어　봤어？
Cenhwa　kele　poasse
電話　かけて　みたの
B: 2 번이나 .
2penina
2 回も

(15) A: 電話，かけてみた？
B: 2 回も。

（＝ 2.2 の (6)）

---

22) 似たような例として「支店によって違う」という意味で使われる「점바점（점포 바이 점포，店舗・バイ・店舗)」もある。例えばフランチャイズの飲食店などのように複数の支店が営業を展開する場合，同じメニューであっても支店によって微妙に違いが出るといった状況で用いられる。

(14)は2.2節の(6)に対応する韓国語バージョンである。日本語例(15)の場合と同じく，Bの答えではAですでに言及された「전화（電話)」を省いている。さらに「걸다（かける)」という動詞も省いて「2 번이나（2回も)」とだけ答えることも可能である。

以下の(16)(17)の例でも，日本語の場合と同じタイプの省略傾向が見られる。長い句から助詞を省いて複合語のような形にすることや((16))，日常会話で格助詞（「は」「が」「を」などに当たるもの）を省略すること((17))も，日本語の場合と酷似していることが確認できる。

(16) a [정보]의 [공유] → 정보 공유
cengpouy kongyu　cengpo kongyu
情報の　共有　情報　共有
b 情報の共有 → 情報共有　(＝2.2の(5))

(17)　A: 너　뭐하니？
Ne　mwehani
あなた何するの
B: 숙제.
Swukcey
宿題

(18)　A: あんた，何してるの？
B: 宿題

また助詞の他にも，文や発話のレベルで特定の機能を果たす様々な文法要素が省かれる例が見られる。以下の(19)は，教室で先生が学生に対して静粛を促す場面の発話として理解してほしい。ただしこの韓国語文には，「～しなさい」などに該当する命令の文法形式は存在しない。(19)aの場合，通常であれば「조용히 하다（coyonghi hata，静かにする)」という動詞表現に命令の活用形が適用された「조용히 해（coyonghi hay，静かにしなさい)」

が用いられるようなところだが，「-히 해」が抜け落ちた形になっている。(18)b は少し違う形で，「옆사람하고 떠들다（yepsalamhako ttetulta，隣の人としゃべる)」という出来事は「없다（epsta，ない)」ように促す言い回しだが，二つの動詞形に対して名詞化接辞「-기（ki)」がつけられていて，命令形式は使われていない[23]。

(19) a 자 , 이제 조용 !
Ca icey coyong
さ もう 静か（＝さ，もう静かにして)
b 옆사람하고 떠들기 없기 .
Yepsalamhako ttetulki epski
隣の人と しゃべるの なし （＝隣の人との私語はやめなさい)

これらの例は命令や指示などのように相手に対する強い働きかけを行う際に，その機能を持つ文法形式を使わないことで話し手の心理的な負担を軽減する戦略とされる。ただし一部を削ったり名詞化したりすることによって，敬語形式が使えなくなるという「費用」が発生してしまう。そのためにこの形式は，大人から子供に，あるいは同等の相手同士などで用いられるもので，上下関係が下の者から上の者に対して使えるものではない。

さらに(20)は，談話レベルでは文が丸ごと抜けているかのように見える現象について述べた 2.2 節での議論と同じことが韓国語でも起きていることを示すものである。日本語文(21)とほぼ一対一で対応するような構造の(20)は，「時計を持っているか」を訪ねる「Yes/No 質問」と，それに対して時刻を告げて答えるというやりとりとなっている。

(20) A: 너 시계 있냐 ?
Ne sikyey issnya

23) 日本語の場合も，「私語はなしね」などのように，「するな」という直接的な表現の代わりに名詞形を用いる迂回的な言い回しがある。

お前　時計　　あるか

B: 3 시야.

3siya

3 時だ

(21)　A: 時計，持ってる？

B: 3 時だよ。

(= 2.2 の(9))

以上，韓国語の基本的な省略現象の一端を観察し，その中に韓国語特有の部分が見られる一方で，日本語の場合と多くの共通点を示すことを確認した。概して日韓両言語の現象は，「できるだけ発音しやすく短い形式にしたい」「一度出たものや，言わなくても分かりそうなものは削りたい」といった普遍的な動機に裏付けられているが，その一方で，具体的な現象の実現様相は両言語で微妙に異なるところも存在する。これは，言語構造に共通点が多い二つの言語でも，音韻的特性や形態・統語的環境など，その言語特有の性質に影響される部分と，その影響から比較的自由なものがあるということを意味するものである。

4.3　韓国語のテキストと省略

前節までの諸現象の例では，日本語と韓国語は「何を省略しているか」という点で似通っている部分もあることが分かったが，省略の傾向が強いテキストを観察すると，両言語での違いが浮き彫りになってくる。以下では第 3 章で観察した新聞見出しと翻訳字幕を中心に韓国語のデータを観察し，「何を省いて何を残すか」について両言語で異なる部分に焦点を当ててみたい。

韓国語の「見出しの文法」

韓国語の新聞記事と見出しは，全体的にテキストとしての機能や性格などは日本語の場合と非常に似ている。紙面は「1面」「政治面」「社会面」「国際面」「文化面」などのようにセクションごとに分かれていて，記事はその性格に応じてどの面に配置されるか決められる。また紙版とオンライン版の両方が提供され，紙版では各記事の重要度などに合わせて見出しの位置などが決められる。WEB基盤のオンライン新聞の場合，主要記事の見出しがメインページでまとめて提供されるのが一般的で，トップ記事に関しては該当記事の冒頭の数文が一緒に表示されることもある。紙版ほどではないにしろ，記事の重要度に応じて見出しの字の大きさで差をつけるなどの工夫が見られるのも，日韓で共通する。

そして韓国語の見出しは，基本的には日本語の見出しに近い形式的特徴を示す。以下の見出し例及びその日本語訳に見られるように，紙面の制約から様々な要素が省略されやすく，内容語のキーワードを中心に機能語の使用は抑えたコンパクトな構成になっている。また一般的な書き言葉テキストでは見られない工夫がなされたり，字数の調整が容易な漢語の使用が多い，などの点でも似ている。

(22) a 시리아人 1100 만명은 떠돌이（朝鮮 2015.10.16）
Siliain 1100manmyengun ttetoli
シリア人 1100万人は 流浪の身

b 美, 소말리아 리비아서 동시 對테러작전（東亜 2013.10.7）
美, somalia・ lipiase tongsi 對 theylecakcen
美，ソマリア・ リビアで 同時 対テロ作戦

c 워싱턴 안팎 “文정부， 北 압박않고되레 美 설득… 같은 편 맞나”
Wesingthen anphakk “文 cengpwy, 北 appakanhko toyley 美 seltuk… kathun pheyn macna”
ワシントン内外 “文政府， 北圧迫せず むしろ米説得… 味方なのか”
（東亜 2019.3.20）

d 大選 지면 정계 은퇴 선언하는 건 옛말（朝鮮 2017.5.19）
大選 cimyen cengkyey unthoy senenhanun ken yeysmal
大統領選挙負けると政界引退 宣言するのは 昔のこと

その一方で，日本語との違いに起因する韓国語見出しだけの特徴も存在する。まず韓国語は分かち書きをする言語で，少なくとも新聞・雑誌などの出版物では既定の規範を守ることが求められるが，見出しではしばしばそれが守られない例も見受けられる。(22)a の下線部で分かち書きの規範として正しいのは「1100 만　명」というふうに前の数詞「만（man, 万）」と助数詞「명（myeng, 名）」を離して書くことだが，(22)a では空白が設けられていない。要するに空白も省略の対象になる，というわけである。

また韓国語は基本的に漢字を表記には用いず，新聞もほとんどハングル文字で記されるが，記事や見出しの一部では例外的に漢字を使用することがある。同音異義語による誤読を避けるためにハングルに加えて（括弧つきなどで）漢字も併記するのは他のテキストでもとられる手段であるが，見出しで特に多く見られるのは，漢字一文字の代替使用である。

例えば特定の語の代わりに，その語を代表する漢字一文字だけを表記するというものだが，(22)b, c で「美国（アメリカ）」の代わりに「美[24]」，(22)c で「北朝鮮」の代わりに「北」のように，特定の国（及び地域）の名前を漢字一文字で表すというのが典型的な例である。他にも「日」「中」「英」「佛（仏）」「伊」「印」「亜」などがあるが，国・地域の名前を一文字（一音節）で代替するのは，「韓美（米韓）」のような複合語の一部としての使用を除けば，音声発話ではあまりないことで，見出しのような文字テキスト特有の現象である。または(22)c の「文」に見られるように，知名度の高い人物（ムン・ジェイン（文在寅）大統領）の名前も漢字一文字だけ記されることがある[25]。その他にも「青瓦台」（韓国の大統領府の名前）を「青（青）」に，「与党」を「與（与）」，「野党」を「野」，「検察」を「檢（検）」などのように表記する例がある。2 文字以上がほとんどである国・地域名，

24）韓国語の場合，「アメリカ」の漢字名は「米国」ではなく「美国」である。また韓国語で表記に使われる漢字はいわゆる「旧字体」で，以下に紹介される例でも日本語の場合とは異なることがある。

25）韓国では苗字だけで他人を呼んだり指したりするのはごく一部の文脈だけで，公共の場ではフルネームを使うか，「문대통령（mwuntaythonglyeng，文大統領）」のように苗字に職名を付けて使うというのが一般的であり，「政府」などの組織名の前に苗字だけを付けるというのは例外的な用法になる。

人名，組織名などの名詞を，漢字を使うことで1文字の略語のように表記するという，表現の経済性を重視した用法である。

一方で，特に字数の節約になるわけでもないが漢字が用いられることもある。まず(22)a, bのように「人」「對（対）」など，一部の漢字由来の接辞がハングルではなく漢字で表記されるというものである。これらはハングル表記でも「인（in, 人）」「대（tay, 対）」と一文字になるため，漢字表記したところで字数は減らない。また(22)dの「大選（大選）」のように，特に必然性がなくても漢字で表記するといった場合もある。「大選」は「大統領選挙」の略語だが，普段はハングルで表記されることから，ハングル表記を避ける明確な要因があるとは言えない[26)]。これらの例は，すでに述べたような明確なメリット，つまり同音異義語を回避する，字数を節約するなどではない理由から漢字を使っていることになる。普段はハングルで表記される語でも，あえて異なる種類の文字を用いることでハングル文字との対比を利用した強調の効果が出せている。これは，「大選」というキーワードを強調する別のことばや記号などの手段を足してはいないという点で，同じ字数をもってより効率を高める方向性の戦略と言えるだろう[27)]。

日韓両言語の見出しでは，どちらも一般的な文字テキストとは異なる工夫をしているが，韓国語見出しでは空白の使い方，漢字の使い方という2点を確認した。特に漢字表記は字数を減らす効果に加えて，「普段は使わないもの」をあえて用いることによってポイントとなる内容を際立たせるといった，特殊記号に近い効果をもたらすものである。つまり多くの情報が省略されるという見出しの特性から，情報伝達の効率を高めるための戦略として取り入れられているものと考えられる。

26）実際にこの見出しの記事本文では同じ語が複数回登場するが，すべて「대선」とハングル表記されているし，他の見出しではハングル表記が用いられる例もある。

27）これも，韓国語の中では漢字使用が必須というより，字体のバリエーションのような表現上のオプションとして位置づけられていることの裏付けと言える。実際に漢字を見出しに使うかどうかは新聞社によって方針が異なるようで，使う新聞とほとんど使わない新聞とがある。

韓国語の見出しにおける省略

それでは韓国語見出しの特徴をより具体的に観察しよう。文字数を減らす方策として省略が頻繁に行われ，具体的な意味内容をもつ内容語よりは文法機能を果たす機能語が頻繁に省かれるというのは，韓国語でも日本語と同様に見られる傾向である。

(23) a 문재인 대통령- 트럼프
Mwuncayin taythonglyeng- thulemphu
ムン・ジェイン 大統領 トランプ
" 한미는 단순 동맹 아닌 위대한 동맹"
(東亜 2017.5.11)
"hanminun tanswun tongmayng anin witayhan tongmayng"
" 韓米は 単純 同盟でない 偉大なる同盟"

b 日, 개헌 찬성 41% 로 증가… 지배적이던 반대 여론 ' 흔들 '
(朝鮮 2017.5.3)
日, kayhen chanseng 41%lo cungka… cipaycekiten pantay yelon 'huntul'
日 改憲賛成 41%に増加 支配的だった反対 世論 'ぐらり'

c 美, 소말리아・리비아서 동시 對테러작전 (東亜 2013.10.7)
美, somalia・ lipiase tongsi 對 theylecakcen
美，ソマリア・ リビアで 同時 対テロ作戦

d 칼빈슨 이어 핵잠수함 ' 미시간 ' 한국에 (東亜 2017.4.25)
Khalpinsun ie haykcamswuham 'misikan' hankwukey
カールビンソン継いで 核潜水艦 'ミシガン' 韓国に

まず(23)で分かりやすいのは，全体的に助詞の省略が頻繁に行われるという点である。この傾向は，各見出しの該当記事や他の一般的な文字テキストと比べても目立つ。例えば(23)a, b では両方とも，文の主語につけられる「가 / 이（ka/i, が）」が省かれている。特によく省略される助詞は「는（nun, は）」「가 / 이（ka/i, が）」「를 / 을（lul/ul, を）」「의（uy, の）」などで，「의（の）」は特に韓国語で頻繁に省略される助詞の一つである。

また，助詞が一部だけ省略されて「短くなる」こともある。(23)c の一つ目の下線部「리비아서」は，「리비아（lipia, リビア）」に場所を示す助詞「에서（eyse, で）」が結合したものだが，助詞がもとの形から 1 音節分短くなった「서（se)」という縮約形になっている。このように助詞の一部だけが省略されるというのは，日本語では見られない現象である。

助詞以外の機能語では，日本語の場合同様，述語における機能語がよく省略される。名詞述語文でコピュラが省略されたり，動名詞述語文で形式動詞が省略されるというふうに，「だ」「する」に該当するものは韓国語の見出しでもよく省かれる。(23)a の引用符内の文は，「A は B だ」という名詞述語文の構造をしているが，下線部「위대한 동맹（witayhan tongmayng, 偉大なる同盟)」の後にはコピュラ「다 / 이다（ta/ita, だ，である)」がつけられていない。また(23)b では「증가（cungka, 増加)」という漢語動名詞が述語として用いられているが，見ての通り，形式動詞はついていない[28)]。

さらに，機能語ではない，内容語の述語そのものが現れないことも見られる。(23)c では内容的に「對테러작전（對 theylecakcen, 対テロ作戦)」が「どうしたのか」という情報を伝えるために「展開される」「行われる」などの意味をもつ述語が必要で，記事本文では実際「단행되다（tanhayngtoyta, 断行される)」が用いられているが，見出しでは特に見当たらない。(23)d も同様の例で，「한국에（hankwukey, 韓国に)」という副詞句の後に通常続きそうな「오다（ota, 来る)」などの動詞が現れていない。

「述語」は残して「助詞」を削る？

以上のように，韓国語の見出しでも日本語と共通する省略の手法は見られるが，各例から省略されやすい部分についてより詳細に観察すると，韓国語ではやや様相が違うところが見えてくる。まず，述語における省略，

28）さらにこの例では，「反対世論が揺れている」ことを伝える部分で具体的な述語の代わりに，「揺れる」などの意味をもつ動詞を連想しやすい擬態語「흔들흔들（huntulhuntul, ぐらぐら)」の一部が使われている。述語としては完全な形ではないが，出来事の中心的な意味が反映された象徴的な語を用いるという手法は日本語でも見られるものである。

つまりコピュラや形式動詞，述語動詞の一部または全部を省くのは，韓国語では日本語に比べて少ないという傾向にある。

その点は，特に形式動詞の使い方によく表れている。まず形式動詞なしの動名詞述語が用いられる例は，韓国語では日本語に比べて少ない。動名詞が述語になる文では，動名詞によって「AはBがCをDで…VN（する）」などのように様々な成分が現れることができるが，韓国語の場合，形式動詞が伴われないでその構造を保つことが日本語に比べて限られるという点が指摘されている（井上・金 1998，塚本 2012）。

(24) a　列車がまもなく東京駅に到着です。
　　b　書庫の本を帯出の際は…　（影山 1993）

(25) a　??열차가　곧 도쿄역에　도착입니다.
　　Yelchaka　kot tokhyoyekey　tochakipnita
　　列車が　すぐ東京駅に　到着です
　　b　*서고의 책을　대출　때(에) …　（塚本 2012）
　　Sekouy chaykul　taychwul ttay(ey)
　　書庫の　本を　帯出の　際(は)

(25)aでは，下線部の述語に漢語動名詞「도착（tochak, 到着）」が「하다（hata, する）」ではなく「입니다（ipnita, です）」と，(25)bでは「대출（taychwul, 貸出）」が「하다」なしで「때（ttay, 際・時）」と一緒に使われている。どちらの場合も意味は通じるものの，韓国語の文としては自然さに欠ける。(25)aで「입니다」をつけないで動名詞止めのような形にしたとしても不自然さは変わらず，場合によっては誤用とされることもある。日本語の場合，以下のように「する」の介在なしで「か」「なら」が続くこともあるが，いずれに関しても韓国語では自然な表現にするには「하다」が介在する必要がある。

(26) a　それではこちらのカレーをみんなで試食です。

b 休日に朝っぱらから先生と面談かよ。

c 北挑発阻止へ米韓連携　核実験なら制裁強化　（読売 2017.4.18）

韓国語の動名詞の場合，日常会話や通常の書き言葉では形式動詞つきの「VN hata」の形がより自然であるが，文字数に対する制限がきびしい見出しでは形式動詞を使わない例も見られる。しかし形式動詞なしの例は，日本語の見出しに比べて出現頻度が低い。例えば尹（2015）の調査では日韓の新聞の国際面の見出し 4 週間分を比べているが，日本語の見出し 195 本と韓国語の見出し 178 本のうち，(23)b のように述語として使われた動名詞が形式動詞を伴わないパターンは，日本語が 73 例，韓国語は 33 例と，動名詞述語から形式動詞を省くのは日本語の方で起きやすいという傾向を報告している[29)]。

そしてこれと関連して指摘できるのが，固有語動詞の使用頻度である。見出しの述語に固有語の動詞が使われる割合は，日本語が韓国語より少ない（日本語は 25%，韓国語は 41%（尹 2015））。日本語の場合，情報量が同じであれば，固有語動詞より漢語動名詞を用いた方が，形式動詞の分だけ長さを減らせるので有利だということは 3.3 節で確認したが，それは韓国語でも同じである。韓国語の場合，固有語の動詞を名詞にするためには名詞化の接辞を付け足す必要があるので，固有語動詞を名詞化したところで，同じ意味の漢語動名詞を使うときほど字数を減らせるわけではないからである。ただし，漢語動名詞に形式動詞をつけた動詞形であれば，固有語動詞と字数がさほど変わらないから，固有語動詞が不利ともいえないのである。漢語動名詞と形式動詞の使い方における日本語と韓国語の違いは，こうした点とも間接的に関連していると言える。

また，情報量の少ない形式動詞だけでなく，内容語の述語も日本語の方でより省かれやすいという傾向がある。

29）また形式動詞付きの場合を見ても日本語の場合は 5 例のみで，韓国語の場合は 25 例とより多い（尹 2015）。

(27) a 対北朝鮮で新組織　米 CIA　（朝日 2017.5.12）
b CIA に対北専門組織　核・ミサイルの脅威分析　（読売 2017.5.12）

(28) a 미 CIA,　북핵전담 '코리아 임무센터' 신설 （東亜 2017.5.12）
Mi CIA, pwukhayk centam　'kholia immwuseynthe' sinsel
米 CIA　北核　全担　コリアミッションセンター 新設
b CIA, 북핵만 관리할 특별조직 만들었다　（朝鮮 2017.5.12）
CIA, pwukhaykman kwanlihal thukpyelcocik mantulessta
CIA　北核 のみ　管理する　特別組織　作った

(27) と (28) は，同一事件を伝える日韓の見出しである。報道されている事柄の概要は，「米 CIA」が「新しい組織」を「設置した」というものだが，(28) の下線部「신설（sinsel, 新設）」「만들었다（mantul-ess-ta, 作った）」に意味的に対応する述語は，日本語の見出しでは用いられていない。つまり日本語の例では内容語の述語動詞が省かれることで，事柄において対象を「どうしたか」という具体的な内容が明示されていないことになる。

韓国語の見出しでは，述語の一部または全部を省くことが日本語ほどは行われないことを確認した。しかし韓国語でも文字数を減らす必要があるのは同じで，何かを削らないといけないわけだが，では何を省略して短くしているのかが疑問として残る。その答えになるのは，以下のような例である。

(29) a 오바마 "NSA 정보수집활동　전면 재검토" （東亜 2013.10.30）
Opama "NSA cengposwuciphwaltong　cenmyen caykemtho"
オバマ "NSA　情報収集活動　全面 再検討"
b 이란　核합의　이행 개시… 경제　제재　곧 해제 （朝鮮 2015.10.20）
Ilan　核 hapuy　ihayng kaysi…　keyngcey　ceycay kot haycey
イラン 核合意　移行開始…　経済　制裁　すぐ解除
c 문재인，　한-미 FTA 재협상　득실 파악 미흡 （東亜 2017.4.19）

Mwuncayin, han-mi FTA cayhyepsang tuksil phaak mihup
ムン・ジェイン，韓米 FTA 再交渉 得失把握不十分

d 1996 년 발견 사하라 검은돌，
1996nyen palkyen sahara kemuntol,
1996 年 発見 サハラ 黒い石
2800 만년전 혜성 물질 결론 （東亜 2013.10.10）
2800 mannyencen hyeyseng mwulcil kyellon
2800 万年前 彗星 物質 結論

(29)の見出しでは，どれも助詞が一つも使われてない。いずれの例においても，事柄に関わる主体や対象，他の情報を表すキーワードがただ並べられているだけという，非常にシンプルな構造になっていることが分かる。韓国語の見出しで助詞の省略は日本語以上に頻繁に見られるもので，実際，このように助詞なしの見出しが使われる割合も日本語に比べて高く，『東亜日報』の国際面の場合，助詞なし見出しは 5 割近く見られた（尹 2015）。

さらに日本語の場合は助詞なしの見出しでも，韓国語に比べて短いことが多く，並べられる成分の数が相対的に少ない。例えば(29)d のように長い例は，日本語見出しで見つけるのは難しいだろう。この場合，「(科学者たちは）1996 年にサハラ砂漠で発見された黒い石が 2800 万年前の彗星の物質であるという結論を出した」というかなり複雑な構造の文に相当する内容をもつが，助詞を始めとした機能語はすべて省かれている。韓国語では助詞をたくさん省いてキーワードだけを並べ，全体がまるで一つの複合語であるかのようにすることが，文字数を節約する戦略となっているのである。

韓国語の「字幕の文法」

次は，もう一つの省略傾向の強いテキストである字幕を観察する。韓国語の場合も，韓国語以外の言語で表現されたコンテンツに対して文字でその内容を記す字幕は盛んに用いられる。映画やドラマなどにおいては主要な登場人物の会話を再現するような形でつけられるので，文字媒体だが，

話し言葉に近い様相が見られるという点も日本語と同じである。

そして韓国語の字幕も文字数の制限が明確な形で適用されており，1行13字で2行（または3行），字幕の表示時間は2〜4秒（最大6秒）が基準とされている（カン2006）。まずは韓国語字幕の実際の例を確認しておきたい。

表1　韓国語の字幕例（『デスパレートな妻たち』S3, 2008）

番号	1行目	2行目
1	너무 빨리 자리에 앉아서	무슨 말을 해야 할지 몰랐어
2	‘못된 계집아 ! 당장 사진기	앞에서 비켜 !’ 하면 되잖아
3	- 리네트	- 아니 , 미안해
4	도대체 얼마나	더 참아야 하는 거지 ?
5	처음엔 잠깐 들렀다더니 다음엔	제멋대로 식사 때 찾아오고
6	이젠 크리스마스 사진까지	같이 찍자고 ? 그럴 순 없어

表2　日本語の字幕例（『デスパレートな妻たち』S3, 2008）

番号	1行目	2行目
1	止める暇なかった	
2	“邪魔だ どけ”って	
3	イヤよ　悪いけど	もう我慢の限界
4	アポなし訪問の次は	週3回の晩御飯
5	今度は家族写真にまで？	論外よ

表1は第3章でも紹介した日本語字幕と同じシーンの韓国語字幕である。実際の画面で提示される様子に合わせて記しているが，内容が分かるように日本語字幕も同じように表の形で再掲載している（第3章の（8））。実際の画面では，韓国語の場合，2行ずつの六つの場面で，日本語の場合は1行ずつの2場面と2行ずつの3場面で提示される。本書では一つの字幕が表示され，次の字幕に変わるまでを「場面」と規定し，その数を「場面数」と呼んでいるが，二つの表を通して会話の流れと共に提示される各文章がどのようなペースで提示されるのかを比べることができる。

表1と2のやりとりは2名の話者によるもので，全体の構成や順番など

でおおむね一致するが，日本語字幕の場合，話者が異なる台詞は一つの場面に入れず，別々の場面で順を追って提示するのが原則である。一方で韓国の場合は，異なる話者の台詞でも同じ場面に入れることがあり，例えば表 1 の 3 番目には二人の話者の台詞が同時に提示されているが，1 行目と 2 行目の話者が異なることを記すために台詞の最初に「－」が用いられている。この字幕作成時の習慣の違いのため，台詞をどの場面に組み入れるかが日韓で異なり，同じ意味の字幕が違うタイミングで提示されることもある。

二つの表を比べると，このような違い以外にも，おそらく読者は「なんか分からないけど韓国語の方はたくさん書いてあるな」という印象を受けたのではないだろうか。実際，韓国語字幕を観察してみると，ほとんどの場合，日本語の字幕より「分量」が多い。具体的に何が多いのか，表 1 の各台詞に話者区分と日本語訳を付けて並べ直したものでより詳しく観察してみよう。

(30)　男：너무 빨리 자리에 앉아서　무슨 말을 해야 할지 몰랐어
Nemwu ppali caliey ancase　mwusun malul hayya halci mollasse
あまりにも早く席に座って　何を言うべきか分からなかった

女：‘못된 계집아！　당장 사진기　앞에서 비켜！’ 하면 되잖아
‘Mostoyn kyeycipa!　Tangcang sacinki　apheyse pikhye!’ hamyen toycanha
性悪女　すぐカメラの　前からどけ　言えばいいじゃない

男：리네트
Lineythu
リネット

女：아니，미안해
Ani,　mianhay
いいえ ごめん

도대체　얼마나 더 참아야 하는 거지？
Totaychey elmana te　chamaya hanun keci?
いったい　どれほど　我慢しなければならないの

처음엔 잠깐 들렀다더니 다음엔 제멋대로 식사 때 찾아오고
Cheum eyn camkkan tullesstateni taum eyn ceymestaylo siksa ttay chacaoko
最初には　ちょっと寄ったとか言って 次は勝手に　食事時に訪ねてきて
이젠 크리스마스 사진까지 같이 찍자고？ 그럴 순 없어
I ceyn khulisumasu sacinkkaci kathi ccikcako? Kulel swun epse
今度は　クリスマス　写真まで　一緒に撮ろうと？ そんなことはできない

韓国語字幕の文章は日常会話に近い形で書かれるのが一般的で，各台詞の言い回しは特に「字幕っぽい」と思わせるような点はなく，小説や漫画などで使われる会話文とさほど変わらない。つまりテキストを特徴づけるような形式的なユニークさは，取り立てて言えるものがないということである。

各文には日本語で逐語訳をつけているが，日本語としては多少ぎこちない個所がある点については少し補足しておきたい。本章の冒頭でも述べているが，日本語訳は，韓国語文の構造を再現することに重点を置いて，韓国語文に使われた語の意味と機能にできるだけ近い日本語の語をあてるようにしている。そのために日本語の会話文としてはやや不自然に感じられるところもあるが，元の韓国語文は日常的な会話体としては自然なもので，韓国語母語話者にとって違和感を持たせるような言い回しではないことを断っておく。例えば(30)の下線部では，日本語の「と」に該当するような引用助詞が使われていない。韓国語の引用助詞「-고（ko）」は，日本語の引用助詞「と」と違って日常的な話し言葉ではよく省略される。日本語の場合，「“…どけ”言えばいいじゃない」は（少なくとも標準語では）やや不自然だが，引用助詞が省略された韓国語の構造に対応するようにしている。

他の助詞も省略されたり，短くなったりすることがよくある。例えば□でかこった4か所にはすべて「は」に該当する助詞が使われているが，一部が削られている。いずれも先行する語が母音終わりであることから，直前の音節に組み込まれるというものである。これは見出しでも紹介した助詞の縮約であるが，例えば一つ目の「처음엔（最初には）」の場合，「처음-에-는（cheum-ey-nun）」が元の形だが，助詞「는（nun, は）」が「ㄴ

(n)」だけになって直前の音節の最後の子音として表記されている（-에-ㄴ（-ey-nun）→ -엔（-eyn））。

文字数と情報量について

日韓の字幕を比べるとまず目立つのは，使われている語の種類や数からも伝わるような情報量の違いだろう。韓国語字幕は，全般的に日本語字幕に比べて情報量が多い。この傾向は，各作品を比べた時の日韓の文字数の違いからも裏付けられる。全体として韓国語字幕の文字数の総合計は日本語に比べて 1.3 倍程度であり，分析対象の作品のすべてのエピソードで，韓国語字幕の方が文字数が多い傾向が著しい。1 場面当たりの文字数も 1 分当たりの文字数も，一貫して韓国語の方が多い（巻末の表参照）。このことからも，韓国語字幕の方が日本語字幕に比べて多くの情報を盛り込んでいるということが言える。

ただし，ここで読者は「いくら似ていても外国語なのに，単純に文字数だけでそんなこと言っていいのか？」と疑問に思うかもしれない。当然のことながら，二つの異なる言語のテキストにおいて文字数だけで情報量の多寡を測るのは難しい。しかし日韓の場合は，いくつかの要因が重なることから，文字数というのが「それなりに妥当な目安」にはなりそうである。まず，4.2 で説明した通り，日韓は両方とも音節を基本単位として文字数を数える方式をとっている。さらに日韓両語は文法的仕組みで共通する点が多かったが，代表的な機能語である助詞の場合，使い方だけでなく文字数も近い傾向がある。例えば「は」「が」「を」「に」「から」「より」「まで」など，主要な日本語の助詞に対応する韓国語の助詞はそれぞれ「은（un）」「가（ka）」「을（ul）」「에（ey）」「에서（eyse）」「부터（pwuthe）」「까지（kkaci）」と，音節数（＝文字数）が同じになっている[30)]。

また内容語においては，両言語において語彙の多くを占める漢語の場合，意味的かつ機能的に 1 対 1 の対応で用いられる傾向が高い。韓国語では表

30）ただし，日本語の場合より音節数が多いものもあり（「에서（で）」），先行する成分の音韻的環境に応じてとられる異形態の音節数が増える場合もある（「로 / 으로（へ）」「라고 / 이라고（と）」）。あくまでも傾向として理解していただきたい。

記にハングル文字を使うが，漢字一文字に充てられるハングル表記も1文字（1音節）であるため，漢字だけで構成された語であれば，文字数は両言語で一致することが多いわけである。例えば日本語「約束」と韓国語「약속（yaksok）」は意味的にもほぼ完全に対応し，両方とも2文字でカウントされる。

そしてカタカナで表記される外来語に関しては，仕組みからして日本語の方が文字数が多くなりやすい。まず日本語も韓国語も，語頭で子音をいくつも重ねて使うということをしないため，英語由来の語を表記する場合は母音を挿入することがあり，そのような場合は必然的に元の英単語より音節数が増えることになる。例えば英語の「strike」は（発音される母音が一つだけなので）1音節の単語だが，日本語で表記した「ストライク」は「s」「t」「k」に母音を足して5文字（5音節・5モーラ），韓国語でも標準的な表記は「스트라이크（suthulaikhu）」と5文字（5音節）になる。一方で日本語と韓国語を比べると，日本語は「開音節言語」と呼ばれ，ほとんどの音節が母音で終わるが，韓国語の場合，音節が子音で終わる「閉音節」が用いられる。これは，子音で終わる音節を含む外来語であれば，日本語表記の方が韓国語より音節数が増えることを意味するものである。「McDonald」の場合，下線の閉音節の表記は母音を入れるかどうかが日韓で異なり，日本語では「マクドナルド」と母音を追加して6文字になるが，韓国語では下線部分を英語と同じように閉音節として表記するため「맥도날드（mayktonaltu）」と4文字に留まる[31)]。

まとめると，日韓では文字数の算定方式が同じで，多用される一部語種（ひらがな表記される各種助詞，漢語）で文字数がおおよそ収斂し，外来語（カタカナ表記）では日本語の方が増えるということになる。ごくおおざっぱにいえば，内容的・形態的に近い語彙を使う場合，文字数は「日本語の方が多くなりやすい」というわけである。それを踏まえるなら，少なくとも字幕テキストでは韓国語の文字数が日本語より多ければ，日本語の方で

31）他に韓国語では長音表記をしないという点も，日本語より文字数が少なくなる要因である（「컴퓨터（khemphyuthe, コンピューター）」。

情報量が少ないものと考えてもよさそうである。

そしてこのことは，以下で紹介される実際の字幕の例とその比較を通しても裏付けられる。同じシーンの日韓の字幕を突き合わせて情報量を確認すると，用いられた内容語語彙の数や種類，機能語の使用有無などにおいて韓国語の方が多い傾向が一貫して現れる。

以下では，日本で2001年〜2012年の間に発売された欧米のテレビドラマシリーズ10作品の日本語版と韓国語版DVDから採録した字幕を分析した尹（2016）の調査を中心に紹介しながら，省略における日本語字幕との違いを掘り下げる。

字幕で「言い切る」韓国語

第3章で，日本語字幕テキストを特徴づけるものとしては「言い切らない表現」，つまり最後に位置する述語における省略が頻繁に行われることを指摘した。名詞述語文でコピュラが省略される名詞止め，動名詞文で形式動詞が省略される動名詞止め，述語全体が省略される助詞止めと，モダリティ表現の一部が省略される場合などがあったが，これらの形式は，いずれも韓国語の字幕ではあまり例が見られない。まず第3章で紹介した日本語例文に対応する韓国語の字幕文を見ると，述語で何かが欠けている例はほとんど見当たらない。

(31) 슬프지만　사실이죠
Sulphuciman　sasilicyo
悲しいけど　事実ですよ

(32) 悲しいけど事実

（『メンタリスト』S1, 2010）

(31)と(32)は同一シーンの韓国語と日本語の字幕で，使われている語彙だけでなく，文構造もほとんど同じという例である。つまりどちらも形容詞（「悲しい」）と名詞（「事実」）を使っていて，形容詞文と名詞述語文が

逆接の接続詞でつながった「A けど B だ」という構造をしている。ところが二つの文の下線部を比べてみると，日本語の場合はコピュラが省略された「名詞止め」になっているのに比べて，韓国語ではコピュラがちゃんと用いられている。韓国語文の下線部「사실이죠」をより詳しく見ると，「사실（sasil, 事実)」という名詞の後にコピュラの「-이（i, だ)」がついた上で，その後に疑問文に使われる語尾「-지（ci)」と，聞き手待遇の丁寧な表現である「-요（yo)」が続いている[32)]。そして，もし(31)で日本語のようにコピュラ以下の部分を省いて「슬프지만 사실」とすれば，韓国語としてはかなり違和感のある言い方になってしまう。

(33)　이 커피를　　마셔 주시면　　비밀을 지켜 드리죠
I khephilul　masye cwusimyen　pimilul cikhye tulicyo
このコーヒーを 飲んでくださったら 秘密を守って差し上げますよ

(34)　コーヒーを付き合うのが条件

(『デスパレートな妻たち』S3, 2008)

(33)と(34)も，日本語文の方は名詞止めになっている例であるが，先ほどの例とは違って両方は異なる文構造をとっている。まず日本語文は「A が B だ」という典型的な名詞述語文（A は埋め込み文）の構造をしているが，韓国語は「A すれば B する」という構造になっている。そして(34)では「だ」が省かれているが，韓国語の場合，述語を含む下線部は「비밀을 지키다（pimilul cikhita, 秘密を守る)」という動詞句に，丁寧表現の補助動詞「-어 드리다（e tulita, ～て差し上げる)」と「-죠（cyo)」がつけられていて，話し手の発話意図などがより明確に分かる形になっている。

---

32)「-지（ci)」と「-요（yo)」の二つは，組み合わさって「-죠（cyo)」の形で使われることが多い。「-지」を使うことで聞き手に向けた話し手の心情がよりこもった表現になり，話し言葉としてはより自然な印象を与える。日本語の場合，単に「事実です」という場合と「事実ですよ」という場合の違いに近いと言える。また「-지」は名詞に直接つくことができないので，もしコピュラ「-이（だ)」がなければ（31）の下線部は非文法的なものになる（「*사실 -죠」)。

ちなみに(33)は，日本語文のように名詞述語文の構造で翻訳することも可能である。その場合は「이 커피를 마시는 것이 조건이에요（このコーヒーを飲むのが条件です）」などの文が考えられるが，やはり最後の「조건(coken, 条件)」の後のコピュラがなければ，少々すわりが悪くなる。韓国語の場合，名詞述語文でコピュラを用いない言い回しがまったくないわけではないが，日本語に比べては自然な言い方になる場合が限られる。言い換えれば，韓国語の名詞述語文では「名詞＋コピュラ」という，述語としてより完全な形を保持する傾向が強いということだが，これは「動名詞＋形式動詞」という形においても同じである。

(35) 그레이는 수술실을 예약하고
Kuleyinun swuswulsilul yeyyakhako
グレイは 手術室を 予約して
수술엔 카레프와 양도 들어와
swuswuleyn khaleyphuwa yangto tulewa
手術には カレフと ヤンも 入りなさい

(36) オペ室を予約
ヤンとカレフも入って手伝って
(『グレイス・アナトミー』S2, 2006)

(35)と(36)(第3章の(16)a）は「予約する」行為の実行を要請するという発話で，下線部の述語はそれぞれ「예약（yeyyak, 予約)」と「予約」という漢語の動名詞が使われている。日本語の方では，「する」を用いない動名詞止めの形を取って「～て」「～ろ」「～なさい」などの文法形式はつけず，この発話が要請の機能を果たすことは，視聴者の推測に任せられている。一方で韓国語は，形式動詞「하다（hata)」がつけられていて，次の文との接続の機能をする文法形式「-고（ko, ～て)」もつけられている[33)]という点で，述語としての体裁はより整っていることになる。そしてもし(35)で形式動詞を省いてしまったら，やはり韓国語の字幕としてはややぎ

こちない感じが出てしまうのである。

(37)　못에 　그 정도로 깊이 베였으면 　피가 꽤 났겠지？
Mosey ku cengtolo kiphi peyyessumyen phika kkway nasskeyssci?
釘に　それほど　深く　切られたら　血がかなり出たろうな

(38)　この手の傷だと　かなり出血を？

(『シャーロック』S1, 2012)

もう一つ，日本語の動名詞止めとそれに対応する韓国語の例を紹介するが，今度は韓国語文の構造が多少違う場合を見てみよう。(38)の日本語文は「出血する」という漢語動名詞を使っているのに比べて，韓国語の場合は「피가 꽤 나다（phika kkway nata, 血がかなり出る）」という固有語表現を使っているが，「나다（nata, 出る）」という動詞だけでなく，過去形「-았(ass)」に推量の語尾「-겠（keyss）」，疑問の語尾「-지（ci）」という文法形式も明示されている。そのために「出血」という出来事がすでに過去に起きたものであることや，「だろう」という推量の意味，相手の同調を求めるようなニュアンスまでがはっきり伝わる形になっているのである。

ちなみに韓国語にも「출혈（chwulhyel, 出血）」という漢語由来の動名詞があるので，(37)は日本語文に近い形にすることもできるが，形式動詞を省いた「출혈을（chwulhyelul, 出血を）？」は，やはり韓国語文としてはすわりが悪い。先述の(35)(36)でもそうだったが，韓国語では一般的に動名詞述語から形式動詞を省くことは日本語に比べて制約が強い。新聞記事などの一部のテキストでは見られることもあるが，音声発話だと特に違和感が強くなる。

このように韓国語では，述語における省略を避けることで，文法形式な

33) この例で「-고」は日本語の「て」に近い振る舞いをしている。つまり二つの文をつなげた複文構造で，「-고」に先行する動詞の文法的な情報は主節動詞（ここでは「들어와（入りなさい）」）のものに依存するので，「예약하고（予約して）」は要請として解釈される。

どを備えたより述語らしい形に保持するという傾向が見てとれる。この傾向は次の動詞述語文の例からも確認できる。

(39)　앨리 ,　할 애기가 있어　도슨 교수님 기억나 ?
Aylli,　hal yaykika isse　tosun kyoswunim kiekna?
アリー　話がある　ドーソン教授思い出せる

(40)　話があるんだ　ドーソン教授を？
（『アリー・My Love』S1, 2001）

まず日本語の(40)は，第3章で紹介した助詞止め文の例である（第3章の(22)）。下線部の「ドーソン教授を？」は，話題の人物に対する記憶があるかどうかを問う質問として用いられているが，「覚えているか」などの述語動詞は現れていない。一方でこれに対応する韓国語字幕(39)は，「기억나다（kieknata, 思い出される）」という自動詞を使った動詞述語文になっている。

ここでも他の例文同様，もし(39)を日本語文と同じ形にしようとすれば韓国語としては不自然な文になる。まず(39)の下線部から「기억나（kiekna, 思い出す）」という述語を省いて「도슨 교수님（tosun kyoswunim, ドーソン教授）?」だけにしても，文脈に適した解釈にはならない。またこの下線部では韓国語の自動詞に対応する助詞「이（i, が）」が省かれているが，たとえそれを復元して「도슨 교수님이（tosun kyoswunimi, ドーソン教授が）?」にしても状況は変わらず，不自然な言い方になってしまうのである[34)]。

(41)　어때요 , 브리 ?　저와 결혼해　주겠어요 ?
Ettayyo, puli?　Cewa keylhonhay　cwukeysseyo?
どうですかブリー　ぼくと結婚して　くれますか

34）さらに，「기억하다（kiekhata, 記憶する，思い出す）」などの他動詞を使った文を想定して「도슨 교수님을（tosun kyoswunimul, ドーソン教授を）?」のようにしても，不自然さは解消されない。

(42)　ブリー ぼくの妻に

(『デスパレートな妻たち』S3, 2008)

(41)(42)は第3章で紹介したもので，プロポーズのシーンでの台詞である。韓国語の下線部は「결혼하다（結婚する）」という動詞に「-아/어 주다（a/e cwuta, ～てくれる）」「-겠（keyss）」「-어요（eyo）」などをつけて，相手の意向を尋ねる文としての体裁をしっかり整えているのに比べて，日本語は「妻になる」という固有語動詞句から「なる」を省き，続くはずの「～てくれ」などの形式も用いない，助詞止めの形になっている。相手に結婚を申し込むという重要な場面でも，相手に「どうしてほしいのか」に関わる肝心な部分は言わずに相手の解釈に委ねるというスタイルをとっているわけである。

確かにここで意味的に重みがあるのは「なる」という動詞よりも「妻に」の部分なので，視聴者は「妻に」を手がかりに話者の意図を理解できるわけだし，実際に「なる」のように意味の弱い動詞が省かれるのは，別に珍しいことではない。意味的な中身が多くない語を省いて長さを減らすのは，情報伝達の上で経済的で効率がいい方法であるともいえるが，韓国語の場合，述語動詞が示す出来事の内容情報は，たとえ文脈などから推測できるものでも，言語形式を通して明示する，つまり「言い切る」という傾向が強いのである。

とにかく「述語」は大事にしたい

第3章で紹介した日本語の各例について韓国語字幕の該当部分は，いずれも述語がより完全に近い形を保っていることを確認した。そのような傾向を裏付けるものとして，韓国語で文が名詞化される様子とその例を紹介しておきたい。

述語が表す事柄の情報はできるだけ言語化するというのが韓国語だが，場合によっては述語に何らかの工夫をして文全体を名詞のようにまとめることがある。日本語で例えるなら「太郎は花子がバイトを始めたことを知らなかった」のように文が他の文の一部として埋め込まれる場合，下線部のように「花子がバイトを始めた」という文を「こと」を使って「知る」の目的語にするということである。このように文を主語や目的語など，通常は名詞がくる位置に置くことができるよう，末尾に「こと」「の」「ところ」などの形式をつけることは名詞化と呼ばれる。

表３　韓国語の字幕例（『24』S1, 2003）

番号	翻訳字幕（日）	翻訳字幕（韓）の逐語訳	原文
1	諸君		All right.
2	言うまでもないが 封鎖中は**外出禁止だ**	監禁状態の手筈はよく分かっていると思います ビルの中に**留まること**	I assume you're all familiar with lockdown procedures.You remain in the building.
3	全員の通信を**傍受**	あらゆる会話が**監視されること**	All communications will be monitored.
4	外部の者からの電話も 選別し**遮断する**	接続暗号なしでかかってくる 電話は**遮断されること**	Any incoming calls without secure access codes will be blocked.
5	一部のシステムしか 使えないが**我慢しろ**	他の指示がある時まで 使用可能なコンピューターで**仕事すること**	In the meantime, continue to work on the systems available until notified otherwise.

上記は，情報機関である種の緊急事態が発生したという状況で，責任者が部下たちに向けて，全員の了解済み事項である「施設封鎖時の措置（lockdown procedures）」の詳細を改めて確認するというシーンである。日本語字幕を見ると，話者はまず「言うまでもないが」という前置きから入って，「封鎖中は外出が禁止される」「全員の通信を傍受する」「電話を選別し遮断する」「一部のシステムしか使えない」という四つの事項を順番に挙げていく。原文や前後の文脈と考え合わせても，「措置その一」「措置その二」といった感じで同じステータスの項目が四つ並べ挙げられた形というわけだが，日本語文の場合，各項目の文の最後は様々な形をしている。

太字部分を見ると，「外出禁止だ」は複合語とコピュラを使った名詞述語文，「(全員の通信を）傍受」のような動名詞止め，「遮断する」「我慢しろ」のような普通の動名詞文，といった感じで，述語における省略も見られるのである。

一方で韓国語逐語訳の太字部分を見ると，韓国語の字幕では基本的に動詞を使った述語文を名詞化した形になっている。韓国語の場合も，前置きから入ってそれぞれの項目を並べていくという構成は同じだが，それぞれの形式に注目したい。以下は該当部分の実際の韓国語字幕文である。

(43) a 빌딩 안에　**머무를 것**
Pilting aney　**memwulul kes**
ビルの中に　留まること

b 모든 대화가　**감시됨**
Motun tayhwaka　**kamsitoym**
あらゆる会話が　監視されること

c 접속　암호　없이　걸려오는　전화는　**차단됨**
Cepsok　amho　epsi　kellyeonun　cenhwanun　**chatantoym**
接続暗号なしでかかってくる電話は　遮断されること

d 다른 지시가 있을 때까지 사용가능한　컴퓨터로　**일할 것**
Talun cisika issul ttaykkaci　sayongkanunghan　khemphyuthelo　**ilhal kes**
他の　指示があるまで　使用可能な　コンピューターで　仕事すること

(44) a 머무르- / 일하- + ㄹ 것　→ 머무를 것 / 일할 것
memwulu- / ilha-+ l kes　memwulul kes / ilhal kes

b 감시되- / 차단되- + ㅁ　→ 감시됨 / 차단됨
kamsitoy- / chatantoy-+ m　kamsitoym / chatantoym

上記の文末には二つの名詞化形式が用いられていて，基本的にこれが動詞の語幹につけられると文全体が名詞扱いできるようになる。一つ目の「-ㄹ 것（l kes)」は，文を連体修飾形にする語尾「-ㄹ」と形式名詞「것（kes,

こと，もの)」を組み合わせた形で，ちょうど日本語の「〜すること」に意味的にも構造的にも対応するものである。二つ目の「ㅁ（m)」は名詞化の語尾で，これが文の用言の語幹に用いられるとその文全体が名詞扱いを受けられるようになる[35)]。名詞化すると他の文に埋め込んで使うこともできるが，上記のように単独で箇条書きやメモ書きなどでもよく使われる。

重要な点は，二つとも用言につけられる活用形式なので，述語が温存されていないと使えないということである。実際，韓国語文では「머무르다（memwuluta, 留まる）」「감시되다（kamsitoyta, 監視される）」「차단되다（chatantoyta, 遮断される）」「일하다（ilhata, 働く，仕事する）」の四つの動詞すべてが温存されていて，漢語動名詞の場合でも形式動詞「되다（toyta, される)」が省略されてはいない。つまり上記の韓国語字幕例で起きていることは，四つの項目を一つずつ並べ挙げるという場面の各文を動詞述語文の形に揃えた上で，述語の形式は温存させたまま名詞化したということである。韓国語としてはもちろん箇条書きのような簡潔さが出るが，日本語字幕が「禁止だ」「傍受」のように「する」を伴わない形も使って字数を減らしていることに比べると，韓国語字幕は少々回りくどいことをやっているようにも見える。

ただしこのやり方の方が，述語として完全な形を保持できる分，他の文法形式を使って抽象的な情報を盛り込むという選択肢も出てくる。例えばこの名詞化のやり方だと用言の一番外側につけられるので，過去時制やモダリティなどをつけたまま名詞化することもできる。つまり述語としての体裁だけでなく，起きている事柄に関する情報量もより豊富にすることが可能なのである[36)]。

---

35) つまり「머무를 것을 요구하다（留まることを要求する)」「차단됨을 알리다（遮断されるのを知らせる)」などのように他の動詞の成分になることもできる。どちらの名詞化形式も直前の音が母音なのか子音なのかで使い分ける異形態が存在する。「ㄹ / 을 것（l kes /lul kes)」,「ㅁ / 음（m/um)」。

36) では韓国語の字幕では，文字数を減らすためにどのような要素を削るのか。助詞が落ちることはあっても基本的に日常会話と同じ程度で，見出しで見られるような，「語」に近い構造を使うという傾向は見られない。字幕の文自体がそもそも会話体に近い構造を維持するため，複合語のような臨時一語が文字数調整の手段として使われにくいためだと考えられる。

またすでに確認したように，韓国語でも見出しでは形式動詞のない形が使われる。実際に(43)の各項目を，形式動詞なしの言い回しに変える手段もないわけではない。しかしその場合も，例えば「모든 대화가 감시（あらゆる会話が監視）」「전화는 차단（電話は遮断）」などの動名詞止めにするというやり方は，（見出しならともかく）会話文では違和感のあるものになる[37]。

「お酒は 20 歳になってから。」――その他のテキスト

日本語の場合，広告のコピーでも述語を言い切らない例を見つけるのは難しいことではない。例えば酒類のコマーシャルで「お酒は二十歳になったらね」などを聞いたことはないだろうか。ここまでの説明に付き合っていただいた読者の方なら，この文に実は「(二十歳になったら）どうするか」に関する言語表現が入っていないことに気づくだろう。文脈的に「お酒は二十歳になってから飲みましょうね」などの意味であることは伝わるが，「飲む」などの動詞を使ってはっきりそう言ってはいない，というわけである。

次ページの表４は，女性話者（A）と男性話者（B）の会話形式で構成されたカップ麺の TV コマーシャルの台詞である。一般的に時間制限が明確な TV のコマーシャルでは，商品に関する情報など，消費者の心をつかむための何らかの情報を決められた時間内に提示する必要がある。その点で，情報内容の取捨選択や形式的な省略が見られやすいテキストである。

表４でも全体として形式的な簡潔性が目立っている。まず日常会話を演出しているから，「(お揚げ）は」「(一番好き）だ」などの語が落ちることの他に，助詞止めの形式が用いられていることが分かる。30 秒バージョンと 15 秒バージョンを比べると，15 秒バージョンではまずいくつかの台

37）形式動詞をなくすなら，むしろ「모든 대화 감시（全会話監視)」「외부 전화 차단（外部電話遮断)」などのように，助詞などの機能語をなくした複合語や名詞句に近い形にまとめるという手もある。述語関連の様々な文法形式がつけられないのは動名詞止めと一緒だが，こちらは「文」というより「語」に近いという感覚なので，少なくとも動名詞止めのような，文法面での不完全さはない。

表4　TV 広告「まっすぐおいしいどん兵衛」

番号	話者	30秒バージョン	15秒バージョン
(a)	A	どうしてさっきからずっと麺ばかり食べるんですか	どうして麺ばかり
(b)	A	お揚げ食べないんですか	
(c)	A	キツネが嫌いに？	キツネが嫌いに？
(d)	A	やっぱりそうだ，嫌いなんだ	
(e)	B	ほら見てください	
(f)	B	一番好きなものは最後に食べるんです	一番好きなものは最後に
(g)	A（心）	一番好き	一番好き

詞がカットされているが，残した台詞でも述語だけ省かれるという例が見られる。(a) の「どうして麺ばかり」は，30 秒バージョンの該当台詞から「食べるんですか」が，そして (f) の「一番好きなものは最後に」は，「食べるんです」がそれぞれ抜けている[38)]。

このような台詞を訳するとき，同じように述語動詞を省くと韓国語としては不自然になる。

また題目やタイトルでも，このような述語の使い方の違いが見られる。まずは日本語で書かれた本のタイトルと，その韓国語翻訳版のタイトルを比べてみよう。

(45)　非婚ですが，それが何か !?

(46)　비혼입니다만，그게 어쨌다구요?!
Pihonipnitaman, kukey eccaysstakwuyo?!
非婚ですが　それが どうしたというの

38) また興味深い点は，(c) が，30 秒バージョンでもすでに「キツネが嫌いに？」という，述語のない助詞止め形式になっているところである。もちろん視聴者は「なったんですか」などが省かれたと容易に推測できるが，不完全な述語はどのバージョンにおいても戦略的に用いられていることが見てとれる。

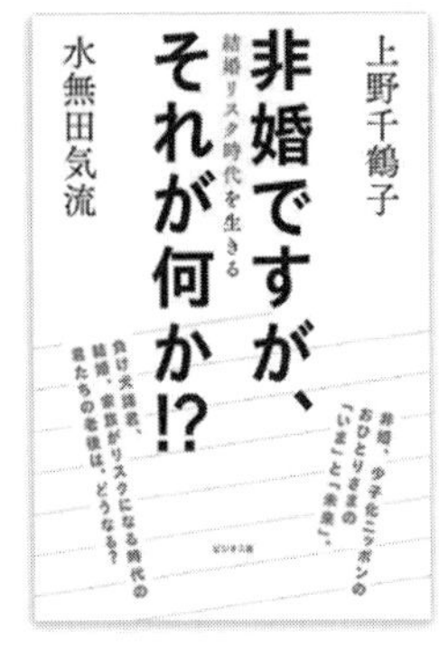

図3　書籍のタイトル（日韓）

(45)は日本で出版された本のタイトル[39]で，(46)が韓国語翻訳版のタイトルである。(45)では「～が，それが何か？」という言い回しが使われているが，これは話し手が自分の（不利に見える）状況に対して「何か問題/文句でもあるのか」と言わんばかりに開き直るような意味で使われる。

この文は，構造的にいえば二つの節で構成された複文であって，「～が」という従属節の後に「それが何か」という主節が続く。しかし主節の下線部「何か!?」の後には，述語といえるものが見当たらない。意味的には「(何か) 文句でもあるのか」「(何か) 問題なのか」などを補うことができるだろうが，その部分をあえて用いないことで，やや挑発的なニュアンスを和らげているといえる。

一方で韓国語翻訳版のタイトルを見ると，原題の日本語文と同じ複文構造で使っていて，使用語彙もほぼ一致していながら，「,」の後の主節では「그게 (kukey, それが)」の後に「어쨌다구요 (eccaysstakwuyo, どうしたというの)」という述語が足されている。つまり日本語文には欠けている述語を補うことで，韓国語としてより自然な表現になるように訳しているわけである[40]。

翻訳の方向が「韓国語 → 日本語」の場合でも，両言語での述語省略の

39) 上野千鶴子・水無田気流（2015）『非婚ですが，それが何か!?　結婚リスク時代を生きる』ビジネス社。

傾向の違いを窺える例が見られる。以下は韓国ドラマのタイトルと，日本で放送された時の日本語字幕版のタイトルだが，ここでも述語の部分に注目したい。

(47) 김비서가 왜 그럴까
Kim pise-ka way kulelkka
キム秘書が なぜ そうするか

(48) キム秘書はいったい，なぜ？

(47)の□部分の「그럴까 (kulelkka)」は動詞「그러다 (kuleta, そうする)」に「〜だろう」に該当する疑問形式「〜ㄹ까 (lkka)」がついたものである。疑問詞「왜 (way, なぜ)」と組み合わせて，話題の人物が「なぜああいう行動をとるのか分からない」という戸惑いの気持ちを表す言い回しであり，日本語で言えば「あの人，いったいどうしたんだろう」「何があったんだろう」というニュアンスになる[41)]。一方で日本語字幕版のタイトルを見ると「그럴까 (kulelkka)」に該当する部分がなく，「どうしたんだろう」を述語として明示しない形をとっている。もちろん「キム秘書はいったいどうしたんだろう」などのように述語があった方が意味的にはもっと明確だろうが，どことなく回りくどい印象があり，(48)のように述語がない方が小気味よいリズムが感じられる，よりタイトルらしいものになっている[42)]。

これまでに紹介した例は，見出しや字幕，吹替え，コマーシャル，書籍やドラマのタイトルなど，不特定多数への情報発信を目的とするマスメデ

---

40) もし韓国語で日本語の「それが何か !?」に 1 対 1 で対応する表現を作ると「?? 비혼입니다만 , 그게 뭐가 !? (Pihonipnitaman, kukey mweka!?)」となるが，文が不自然に途切れた感じになってしまう。

41) このドラマは，ヒロインの「キム秘書」なる人物とその上司の間に繰り広げられる恋の駆け引きが主な内容で，「キム秘書」が急に辞職を願い出るところからストーリーが始まるが，それに戸惑う上司の気持ちがタイトルにされている。動詞「그러다 (kuleta, そうする)」は「그리하다 (kulihata)」の縮約形で，別の疑問形式をつけた「그래 (kulay)」は「way kulay?」のように使われると，相手に「どうしたの？」と様子を聞く言い方になる。

ィアでの使用例が中心だった。これらのテキストは時間的・空間的制約が比較的強く，効率的な情報伝達の必要性が高くなるが，目的や機能が同じテキストで情報内容が一致する場合でも，日本語と韓国語の間では述語の不完全さの程度が違うことが分かる。韓国語では内容・形式ともに述語の完全性を求める傾向が日本語より強いことが確認できた。

もちろんマスメディアでの言葉使いは，普段私たちが交わす日常会話などの自然談話とは様相が違うこともあるが，多数への波及力の強さを考慮すれば，自然談話のあり方にも影響を及ぼしたり，また影響をうけたりするなどの関連があると考えるのが妥当だろう。実際，これまで観察してきた日韓の述語における違いは，マスメディアの言語以外でも見られるものである。以下では自然談話などでも見られるいくつかの現象を取り上げながら，日韓の文における「述語の使い方」の違いについて考える。

4.4　述語を省く日本語，助詞を省く韓国語

ここまで省略傾向の強いテキストを通して，述語を省く手法が韓国語より日本語で際立つことを見たが，このような日本語における述語の省略傾向については，これまであまり指摘されてきていない。日本語研究，及び言語研究の中で関連現象は数多く取り上げられてきたが，典型的な述語文と違う点が簡単に言及されることはあっても[43)]，日本語の様々な表現形式及びテキストにおいて同じ傾向が示されることにはさほど焦点が当てられてこなかったのである。韓国語などの他の言語と比べることによって，日本語という言語が述語の一部または全部が欠けた形を積極的に利用していること，言い換えれば，述語に関わる情報を言語化しない形でメッセージをやりとりするというコミュニケーション・スタイルをとっていることが

42）ちなみにこのドラマはケーブルテレビの有料チャンネル「Mnet」を通して日本初放送されていて，その際の日本語タイトルは「キム秘書がなぜそうか」と元の韓国語文の構造に近い形だったが，後にBSチャンネルで放送されるときは上記のように変更された。

43）例えば「端折り」（三上 1953），「疑似名詞述語文」（南 1993），「中断節」（大堀 2002），「言いさし文」（白川 2009）など。詳細は以下で取り上げる。

明らかになる。

「何よりの証拠」はどんな証拠？

前章で述べた通り，動作，出来事などの事柄は動詞の形で表されるのがもっとも典型的だが，形態・統語的に不完全な述語を用いる傾向は，特定のテキストに限らず，日本語の他のレベルでも観察されてきたものである。これまでの章の中で「熱っ」などのように述語の一部が現れない現象，「する」「だ」などが省かれるという例，さらに述語そのものが文内に存在しない傾向を見たが，述語の役割をする形式が組み込まれない言い回しは他にも見られる。

日本語母語話者の目には特に省略とも思われないかもしれないが，成分の間の関係が述語などのことばで明確に表現されないような文が見られる。例えば「何よりです」という言い方があるが，これは英語や韓国語に訳しようとすれば，ちょっと困ってしまう。「何より」というのは「もっとも」「何にも勝って」などのように程度を表しているだけで，「何よりうれしい」「何より望ましい」など，程度を示す「何より」がかかることばを足さなければ，訳しづらいのである。もちろんこの言い方は，例えば「留学先，自分が行きたかった大学に決まりました」と話す相手に「それは何よりでしたね」といえば，相手に起きたことについてこちらも喜ばしく思うという意向を伝えるものである。いちいち「うれしい」などと言わなくても分かるではないか，と思うかもしれない。しかし「何より」は，別に「何よりいい」という状況でだけ使われるものでもない。

「何よりの問題」「何よりの悲劇」などで見られるように，明らかにいいものといえないことばがくれば「何よりいい」とは限らなくなる。「何よりの証拠」という表現も同じで，意味するところと言えば「何より明確な証拠」などになりそうである。読者は「そんな分かり切ったことを」と思うかもしれないが，どのような「証拠」なのかは示されていないのであって，「明確な」に相当する意味合いは「証拠」から導き出した解釈なのである。つまりこの「何より○○です」「何よりの○○」などの日本語表現では，「何より」が「○○」などの他の表現とどのように関わるのかという内容が言語化されていない。

日本語の様々な文形式を観察すると，そのような関わりを表すもの，特に述語に該当する成分が抜けている場合は他にも少なくない。そしてそれらの言い回しは韓国語で同じ構造を作ろうとすると多くの場合，不自然になるか，意味が通じない文になる。

(49) a　40℃もの高熱
　　b　母へのプレゼント　(日本語記述文法研究会 2009)
　　c　東京までの列車　(日本語記述文法研究会 2009)
　　d　具体的な言及はなかったとの非難

(49)の例は，二つ以上の成分を助詞でつなげた名詞句である。(49)bでは「母」と「プレゼント」という二つの名詞を「へ」「の」でつないでいるが，「母」と「プレゼント」がどういう関係なのか，という情報は言語表現で明示されてはいない，という点に注目したい。典型的な動詞述語文なら「母にプレゼントを贈る」などのように動詞を用いて，「母」と「プレゼント」がどのように結び付いているかを明確に表せるだろうが，この名詞句では述語に相当するものは見当たらない。「母に贈るプレゼント」とも言えなくはないのに，「贈る」という動詞を使わない言い方をあえてしているわけである。他の例でも，それぞれを構成する名詞がどのような関係にあるかは「東京まで行く列車」「40℃もある高熱」「具体的な言及はなかったという非難」などのように，動詞を使って明示することができる。述語はどのような内容の出来事が起きていて，その中に登場する人や物がどのような関係にあるのかを表すものであるが，上記の例では，その関わりの具体的な内容を明示する述語が顕現してはおらず，助詞と他の名詞から推察される仕組みになっているというわけである。

このように名詞句において意味的な述語を省略して構成成分を助詞でつなげるという形式は，実は韓国語に訳してみるとどれもすわりが悪いものになる。以下で見られるように，四角でくくられた動詞（の連体形）を入れた方が韓国語としては違和感のない言い方になる。

(50) a ［*40 도나-의 / 40 도나 되는］고열
［*40tona-uy / 40tona toynun］ koyel
40℃もの 40℃もなる 高熱

b ［*엄마께-의 / 엄마께 드리는］선물
［*emmakkey-uy / emmakkey tulinun］ senmwul
母への 母へ 贈る プレゼント

c ［*도쿄까지의 / 도쿄까지 가는］ 열차
［*Tokyokkaci-uy / Tokyokkaci ka-nun］ yelcha
東京 まで の 東京 まで 行く 列車

d 구체적인 언급은 ［*없었다고의 /없었다는］ 비난
kwucheycekin enkupun ［*epsesstako-uy / epsesstanun］ pinan
具体的な 言及は なかったとの なかったという 非難

似たような例として「命あっての物種」などでもおなじみの表現で，「テノ名詞句」とも呼ばれるものがある（茂木・森 2006）。

(51) a サラ金に追われての夜逃げ （井口 1992）
b 階段に座っての食事（茂木・森 2006）
c 政権交代を狙っての事件 （茂木・森 2006）
d あくまでも過去に比べての話である。

例えば(51)a は「サラ金に追われて夜逃げする」という事柄を「夜逃げ」という名詞を中心に，連体修飾の名詞句に組み立てたものである。この手の名詞句の最後に来る名詞はいろいろあるが，代表的なものは「夜逃げ」「食事」などの動名詞である。一方で(51)c, d の「事件」「話」は動名詞ではなく，意味するところは「政権交代を狙って（誰かが）起こした事件」「過去に比べてそうであるという話」などになるだろうが，下線で示した述語が欠けていることになる。実は上記の表現は「政権交代を狙った事件」などのようにすでに明示されている別の述語を連体形にすることが可能な場合もあるが，すべてそうではなく，「?? 過去に比べた話」のように分かりにくくなることもあって，一様ではない。(51)a, b のように動名詞が使われ，一見述語が組み込まれているように見える場合も，もし連体形の動詞を使うとしたら，「?? サラ金に追われた夜逃げ」ではなく「サラ金に追われてする夜逃げ」になるだろう。つまり特に述語が省略されていないように見える(51)a, b でも，「する」によって結びつきを明示することはしていない，というわけである。

そして韓国語の場合，この構造はなかなか再現しにくいものである。日本語の元の構造をできるだけ保ったまま韓国語にすると，たいがい意味が通じないか違和感の強い表現になる。自然な韓国語表現にする方法の一つは，最後の名詞と他の成分の関係を規定する述語を入れることである。以下で見られるように韓国語の場合，四角で表示した述語を入れて関係情報を具体的に指定した方がずっと許容度が高く，それは「밤도망（夜逃げ）」「식사（食事）」などの動名詞に関しても同じで，「하다（する）」を足す必要がある。

(52) a 사채업자에게 ［* 쫓겨서의 / 쫓겨서 한］ 밤도망
Sachayepcaeykey ［*ccochkyese-uy / ccochkyese han］ pamtomang
サラ金に 追われての 追われて した 夜逃げ

b 계단에 ［* 앉아서의 / 앉아서 하는］ 식사
kyeytaney ［*ancase-uy / ancase hanun］ siksa
階段に 座っての 座って する 食事

c 정권교체를 ［* 노려서의 / 노리고 일으킨］ 사건
cengkwenkyocheylul ［*nolyese-uy / noliko ilukhin］ saken
政権交代を 狙っての 狙って起こした 事件

d 어디까지나 과거에 ［* 비해서의 / 비해서 그렇다는］ 이야기다
etikkacina kwake-ey ［*pihayse-uy / pihayse kulehta-nun］ mal-ita
あくまでも 過去に 比べて の 比べてそうだという 話だ

いくつかの言い回しを比べてみると，日本語では，いずれの場合も構成成分同士の意味関係を明示するはずの述語が不完全な形になっている。それぞれの言い回しは，韓国語の場合，動詞及び文法形式を加えるなど，述語を組み込んだ形に整えた方が自然な文になる。つまり述語が欠けている日本語の構造をそのまま再現するのでは，同等の意味を持った表現を作ることに制約があるというわけである。このことから，韓国語は日本語に比べてより述語の完全性を重視する傾向があることが分かる。

「ボクハウナギダ」

同じ傾向は，これまでも何度か取り上げた「AはBだ」という名詞述語文でも確認できる。これは日本語母語話者には非常になじみのあるもので，日常会話でも頻繁に使われる。具体例として，数人の友達でカフェに行って各自の注文をまとめる時，自分が頼みたいメニューの名前を「えと，私はカフェオレ」「じゃ私はアメリカーノ」などと言うことはよくあるのではないだろうか。しかしよく考えてみると，これはかなり奇妙な文である。

(53) a 私は<u>カフェオレ</u>です。
b 私は<u>大学生</u>です。
c リンゴは<u>果物</u>だ。

上記の各例を比べてみるとどれもほぼ同じ構造をしているように見えるが，「AはBだ」において「A」と「B」の関係は一様ではない。(53)b では「私」＝「大学生」と，二つの名詞が指している対象が同じだが，(53) a では「私」は「カフェオレ」ではないからである。「私は大学生です」の場合は「Aの身分はBだ」，「リンゴは果物だ」は「AはBの一種だ」などのような意味関係が成り立っているが，「私はカフェオレです」ではそのような関係が成り立たず，そもそも片方は人間で片方は飲み物なので，想定される意味関係は他の例よりももっと遠い。

この文はお店で何かを注文する場面であるという文脈で読めばもちろん「私はカフェオレを注文する」などの意味として解釈できるし，日本語母語話者にはこの手の表現は使い慣れたものだが，ここで「私」と「カフェオレ」の間にどのような関係があるのかは，ことばで明示されているわけではない。いうなれば「私」と「カフェオレ」は「は」でルーズに結びつけられただけで，「私（が注文したいもの）はカフェオレだ」という実際の意味関係の解釈は，「飲み物を注文する状況である」という文脈に任せられる。このような名詞述語文は，「ボクはウナギだ」という例文が有名なことから「ウナギ文」の名称でも知られている。

日本語では，このように「AはBだ」という形を基本として，二つの名詞（句）の間に何らかの関連性があるが，それがどういう関係なのかは明示しないで省く[44]という表現を幅広く作ることができる。しかし英語を始めとした他の言語ではこのような言い方をしないことが多く，諸言語を観察すると実はこのような言い方ができる言語はむしろ少数で，その点では日本語の方が例外的だと言える。「明日は我が身だ（＝明日は我が身も同じ状況になる）」などになると，さらにややこしい。そしてこの手の文は，えてして韓国語には訳しにくい。

(54) a 財布はズボンのポケットの中だ。　（日本記述文法研究会 2009）
　b 自転車がバイク並みのスピードだ。
　c トイレは突き当りを右です。
　d 説明がまだ途中だ。

(55) a ? 지갑은 바지 주머니 안이다.
　Cikapun paci cwumeni anita.
　財布は　ズボンポケット 中だ
　b ? 자전거가 오토바이같은 속도다.
　Cacenkeka othopaikathun soktota.
　自転車が　バイクみたいな 速度だ
　c ? 화장실은 길 끝을 오른쪽입니다.
　Hwacangsilun kil kkuthul olunccokipnita.

44）三上（1953）では名詞述語文を3種類に区分し，ウナギ文に相当するものを「端折り」と呼んでいるが，関係を明示する述語が抜けていることが反映された用語だと考えられる。

化粧室は　突き当りを　右です

d ? 설명이　아직　도중이다.

Selmyengi acik tocwungita.

説明が　まだ　途中だ

韓国語の場合，自然な言い回しにするにはいずれも名詞（句）同士の関係に関する具体的な情報を動詞で提示したほうがよく，それぞれ「(〜ポケットの中に）ある」「(〜速度で）走っている」「(〜突き当たりで右に）曲がる」などのような言い方にする必要がある[45)]。例えば(55)aは名詞（句）AとBはそれぞれ何らかの物体とそれが存在する場所で，「所在型構文」とも呼ばれるものだが，韓国語の方では存在を意味する「있다（issta, ある)」を足した方がすわりがいい[46)]。特に日本語の場合，このような文はテレビ番組などの特定の文脈で特徴的に用いられることもあるが，韓国語の場合，そのような場面の手助けがあっても不自然さは解消されない。

(56) a 気象情報は田中さんです。

b 大手電機メーカー各社が新たなテレビ戦略です。

(57) a ? 기상정보는　다나카 기상캐스터입니다.

Kisangcengponun Tanaka kisangkhaystheipnita.

45) (55)dでは，「도중（tocwung, 途中)」という名詞を使わず「話はまだ終わっていない」などのような動詞述語文にした方が自然になる。

46) 一方で，韓国語でも何らかの行為やそれに近いものが述語位置にくる場合は容認される例もある。例えば以下の日本語文は，韓国語で「A nun B ta（AはBだ)」の形で，つまり，動詞述語文ではなくコピュラ（ta/ita）を使った名詞述語文の形でも言いやすい。特に「우승（優勝)」「반대（反対)」などの動名詞の場合，従えている格成分が少ない場合は容認度が上がる。またivのように同じ所在型構文でもBに位置するものが範囲の広い場所である場合は多少言いやすくなるなど，似ている所もあるが，違いも多々あることが指摘されている。日韓のコピュラ文の違いについては金(2019）なども参照。

i. さっきの話は他言無用だ。(akka han malun palselkumcita.)
ii. 今シーズンは阪神が優勝だ。(ipen sicunun Hansini wusungita.)
iii. 私は反対だ。(nanun pantayta.)
iv. 事務室は3階だ。(samwusilun 3chungita.)

気象情報は　　田中　気象キャスターです

b ? 대형 가전업체　　각사가 새로운 텔레비전 전략입니다 .

Tayhyeng kacenepchey kaksaka saylowun thelepicen cenlyakipnita.

大手家電メーカー　各社が 新たなテレビ戦略です

ここまで，日韓の間に存在する，述語における省略傾向の違いを日本語の述語の不完全さとの関連で観察した。

これまで指摘した不完全な述語の例は，文の経済性を確保するのに有利な側面があることは確かだが，それ以外にも注目すべき点がある。日本語の場合，不完全な述語を持つ表現は，相対的に完全な表現に比べて，聞き手・読み手に与える印象が違うということである。例えば「熱っ！」は，意味的には「熱い。」などのように熱さを感じていることを述べるものであるが，「い」を省略しない「熱い」に比べてより話し手の感覚を生き生きとした形で伝えるもので，聞き手にとってもより実感がわきやすい。またスポーツニュースなどで「ロイヤルズは２点を負う２回，ノーアウト１塁の場面，タイムリーツーベースで１点差」などのような話し方になるのは，より臨場感を与える効果があるとされ，いずれの場合も同じ事柄をより表現力豊かに伝えることができるものである。

翻訳字幕の場合も同様で，不完全な述語の使用は，コメディ要素が強い作品より，ミステリーやアクションなど，緊迫した場面が多い作品で頻度が増える傾向がある。また漫画やアニメでは，言葉を使い分けることで登場人物を特徴づけるという「役割語」と関連し終助詞を含むモダリティ形式をあえて用いないことで感情の起伏の少ない冷静なキャラクターを演出するなども可能になることを紹介した。これは，より短い形式にすることによって情報の損失が起きる一方，様々な機能面での効果が表現力を高めるという補填が働いていることを意味するものである。

経済性の確保は，テキストの機能的なニーズを満たすことと密接に関連している。述語の一部または全部を省いた，従来の規範を逸脱した表現形式が用いられることが，字数制限や情報伝達における簡便性を求めるなど，機能的に動機づけられているのであれば，同じ動機が働く場合，類似した文法構造を持つ韓国語でも現れうるものと考えられるが，韓国語では述語を残さないと不自然になることが多いという事実を確認してきた。

次節では，不完全な述語が日韓両言語でどのような意義を持つのかを考えるべく，分析のさらなる深化に向けた方向性を提示したい。

4.5 モノ vs. コト

言語では世の中の様々なもの・概念・現象などをカテゴリーに分けて名前をつけるが，その際に基本となる大きな区分のひとつは「モノ（entity)」と「コト（event)」である。ここでいうモノとはおおざっぱに言って，独立した個体として認識される何らかの対象である。例えば「太郎」「クマ」「いす」のように人を含めた何らかの生物，事物のように目で見ることができる具体的な対象もあれば，「妖精」などのように実在しないものや，「友情」「知識」「資産」のように抽象的な概念も，この範疇に入る。このような対象は，典型的には名詞として実現する。

その一方でコトは，様々なモノが関わり合って動いたり，働きかけたり，変化したりする事柄のことである。何かの事柄を表現する際に中核となるのは動詞であり，「歩く」「たたく」「発生する」など，行為や変化を意味するものがその典型である。また何かのモノの性質や状態であれば「青い」「賢い」などの形容詞で表される。

モノが基本的には「存在するか否か」の2択であり，その存在が時間に限定されるものではないのに比べ，コトは「いつ起きるか」「どれくらいの時間幅で起きるか」などといった時間との関わり方が重要になる。いうなればコトは時間軸の上に展開する，より複雑な概念体で，モノはコトに参加するプレイヤーと規定できるのである。だからコトを表す核心である動詞の場合，時間との関わり方を何らかの形で示すという仕組みがあり，日本語と韓国語はその手段が時制や相などの文法形式だというわけである。

私たちがことばを使ってメッセージを組み立てるとき，典型的なやり方は名詞でモノを表し，そのモノたちがどのような立ち位置として，どのようにコトが行われるのかを動詞を使って表すというものである。「太郎がリンゴを食べた」などの動詞述語文の形をとることもあるし，動詞を使わずにモノとモノの関わりを表す場合もあり，その例としては「リンゴは果物だ」などの名詞述語文が挙げられる。さらに様々なモノとコトの間の結びつき方，コトのあり方などをより詳細に表すための手段として，助詞や時制，相などの文法形式も取り入れられる。特に日本語の「が」「を」などの格助詞は，コトの中でプレイヤーであるモノがどのような立ち位置にあるかを示すものである。

すでに確認したように，日本語では，述語やそれに伴う文法形式を省くことが文字数を減らす上で有効な手段の一つとなっている。つまり何らかの事柄を表現する上で，コトの中身やそのあり方を明示するものを用いないという手法をとっていて，これは特定のテキストに限らず，日本語全般で見られやすいものであった。一方で韓国語は，述語はできるだけ明示する傾向が様々なテキストから確認できる。日本語の場合，述語が省かれて助詞が残るが，これは言い換えればコトの「中身」に関する情報内容が言語形式からなくなり，モノの「立ち位置情報」が残ることを意味するものである。そして韓国語（特に見出し）では，コトの「中身情報」を残してモノの「立ち位置情報」は省くということである。

この違いを分かりやすく図式化すると，以下のようになる。

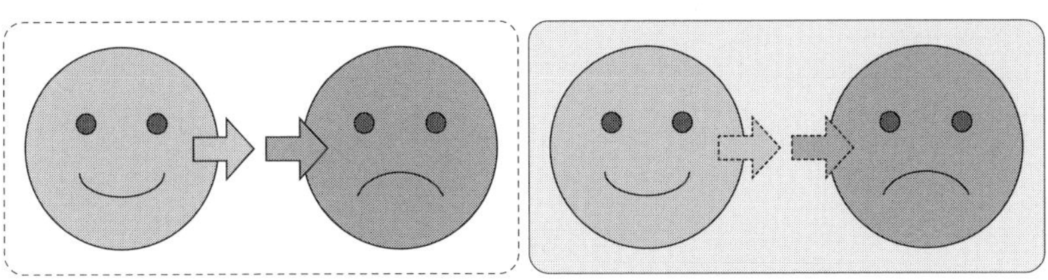

図　日本語の省略傾向（左）と韓国語の省略傾向（右）
※点線は省略された情報を，実線は言語化された情報を表す。

上記の図は，ある事柄と，その中のプレイヤーである参加者を表わしたものである。角の丸い四角は事柄を，円は二人の参加者をそれぞれ意味する。例えば「殴る」というコトが行われるとして，参加者は「殴る方」と「殴られる方」であり，どっちが殴る方でどっちが殴られる方なのかを示す言語形式は，日本語や韓国語の場合，助詞である。「太郎が次郎を殴る」という日本語文では，「太郎」の立ち位置が「殴る方」であることは，助詞「が」を見て分かるということである。そして図形の輪郭が点線になっているのは，ことばで明示していないという意味である。上記で左側は，コトの詳細情報を言語化しない，つまり述語を省く日本語をイメージしたもので，右側はモノの立ち位置情報を言語化しない，つまり助詞を省く韓国語をイメージしたものである。いうなれば左側は「太郎が次郎を」に，右側は「太郎　次郎　殴る」に相当すると考えてもらいたい。同じ事柄に対して，それぞれ言語化しているものと，していないものが違うという状況を表したものである。

そして読み手や書き手がこのような言い回しの意味を解釈する際には，言語化している情報を手がかりに，言語化していない情報を推測することになる。日本語の場合は，「モノに関する情報を手がかりにコトの具体的内容を推測する」という方向で作業が行われるが，韓国語の場合は「コトの内容を根拠にモノの関わり方を推測する」という風に行われる。つまり日本語と韓国語とでは，解釈のプロセスが反対方向に働いていることになるのである。

言語の間で省略の実現の仕方が異なると，その読み取り方も異なることから，省略及び関連する諸現象を分析する上で聞き手・読み手の解釈プロセスを考慮することは，非常に重要な視点になると考えられる。

「高コンテクスト文化」と「低コンテクスト文化」？

日韓のいくつかのテキストを紹介しながら話を進めてきたが，両言語の間には似ている点も多い一方で，同じ状況であってもけっこう言い方の違いが目立つこともあった。特に日韓の字幕に対する印象はだいぶ違うものだろう。日本語の字幕スタイルに慣れている日本語母語話者は，韓国語字幕を見て「あんなにいちいち書かないと伝わらないのか」と首をかしげるが，逆に韓国語母語話者は日本語字幕を見て「あんな書き方でちゃんと伝わるのか」と驚くのである。同じストーリーの同じシーンであっても，どのような情報をどの程度までことばにするのか，情報との付き合い方自体が違うからこそ戸惑うわけである。

コトに関する情報を「言語形式を通して明確に示す」という傾向は，全体的に韓国語の方でより強く見られたが，日本語ではその分，文脈など他の要素を基に推測を働かせることになるのは必至である。このような特徴は，いわゆる「高コンテクスト文化」「低コンテクスト文化」(Hall 1976) という区分とも重なる部分がある。「高コンテクスト文化」とは，コミュニケーションを図る上で多くを言語以外に頼る傾向が強い文化のことで，日本がその典型的なケースとして指摘されてきた。多くの情報をあえて語らずに相手に委ねる傾向が強い，ということである。確かにこれまで日本では，ことばにせずとも通じることを美徳とする雰囲気が文化的特徴として取り上げられてきたし，そのような「察しの文化」(芳賀 2004) は，「阿吽の呼吸」「ツーカー」のような言い回しからも窺える。

ただし，「察し」の対象になるものは具体的に何か，つまり何が「コンテクスト任せ」になるのかに関する分析は，あまりなされていないようである。これまで「高コンテクスト文化」「低コンテクスト文化」という区分を取り入れてビジネスなどの様々な場面におけるコミュニケーション・スタイルの違いを実証しようとする研究が盛んに行われた。多くの分析ではアンケート調査を行っているが，質問の焦点はどちらかというとコミュニケーションの場における態度や印象が中心であり，言語表現の使い方や言語化される情報の中身を綿密に検討するという手法はあまりとられていない。具体的にどのような種類の情報をコンテクストが担うのかについては深く追求されないまま，その用語だけが一人歩きしてきた感を否めないのである[46)]。

メッセージの内容をすべて言語化できないのは当たり前のことである。だからこそどれを明示してどれを明示しないかに関しては，優先順位があるはずである。一方で，何を優先的に明示するかが言語ごとに必ずしも一致しないことも，想像に難くない。実際，日本語の場合は少なくとも韓国

46) 寺沢 (2012) はこの区分を始めて紹介した Hall (1976) における問題点を指摘し，一般に知られた誤解などについても疑問を投げかけている。Hall への批判に関する議論は Cardon (2008) も参照。

語と比べた時，述語の一部または全部を省略することで「どうなるのか」または「どうするのか」に関する情報を明示せず，相手の解釈にゆだねる傾向がより強い。たとえ話の長さが同じであっても，ことばを使ってはっきり示すポイントがお互いにずれていれば，相手の話は「分かりにくい」ものになってしまうだろう。

情報の伝達を文脈に任せる傾向は日本に限らず，西洋に比べてアジア圏でより強くみられる特徴とされてきたが，同じアジア圏でも日韓の間でどのような情報を優先的に言語化するかで傾向が違うという本書の分析は，コミュニケーション・スタイルの違いに関する研究をより深化させるうえでも役立つものと考えられる。

コラム4 「ケーキはふとりません」——関係情報の不在を利用した言語遊戯

このタイトルを見て読者が考えたことはおそらく「ケーキ食べてもふとらないなんて，ホント？」というものではないだろうか。巷では健康やダイエットのために糖質・脂質制限が叫ばれるようになって久しく，甘いものや揚げ物などが目の敵（？）にされている。欲望に身を任せてしまいたい衝動と，それに抗うべしというプレッシャーとの狭間で自我を保つべく，（その反動だろうか）「おいしければ0カロリー」と言い聞かせたくなってしまうものかもしれない。

そういった事情はお隣の韓国でも変わらない。韓国でもっとも大衆的な鶏肉料理の一つである「치킨（chikhin, チキン）」は，いわゆるフライドチキンのローカル版で，日本のから揚げのようにお酒にもご飯にもよき友になってくれる。出前アプリを通して気軽に楽しめる環境も手伝って，今は「国民食」の呼び名の高い大人気メニューであり，韓国におけるチキンの専門店の数が全世界（！）のマクドナルドの店舗数を上回るほどである[46)]。日常生活でもチキンを食べることは単なる食事以上の意味合いをもって若者の遊び文化とも結びつくようになり，「チキンとビールを楽しむこと」を意味する「치맥(chimayk, チキン＋ビール)[47)]」という新語まで作られるなど，その人気ぶりは言語面にもしっかりと反映されている。

치킨은 살 안 쪄요	살은 내가 쪄요
チキンはふとりません	ふとるのは私です

これは韓国の大手出前アプリの会社が主催したひと言作文大会で，栄えある1位に選ばれた作品である。下線の文は，実はウナギ文の「AはBだ」にちょっと似ている。つまり主語の「チキン」と述語の「ふとらない」がどのような意味関係にあるのかが明示されていないから，解釈は見る人に任されるのである。すぐ思いつきやすい読み方はもちろん「チキンは（食べても人は）ふとりません」というものだろう。ダイエットや健康を気にして揚げ物

46）2013年度基準（「연합뉴스（聯合ニュース）」2015年10月15日付）。

47）「치」は「치킨（chikhin, チキン）」から，「맥」は「맥주（maykcwu, 麦酒・ビール）」からとって組み合わせたものである。4.2で紹介した，最初の一字ずつをとって作るという略語方式に従っている。

を我慢している人がつい信じたくなる，福音のようなひと言である。ところが続く文を見ると，「ふとるのは私です[48]」と，先行文の「ふとる」という述語について「ふとるの（ふとる人）」と「私」は「＝」の関係にあるというメッセージがより明確になっている。最初の文が「チキンは揚げ物です」という構造と似ているだけに起きうる誤解を利用して，見る人をミスリーディングするジョークなのである。

文に登場するいくつかのモノや人を指す名詞（句）の間の意味関係は，実に多様である。そのうちどれが正しい意味なのかがはっきりしない場合，読み手は曖昧さで混乱するし，ときには本来の意図とは違う解釈をして誤解が生じることもあるだろう。ただしこのような曖昧さがあるのは，なにも悪いことばかりではない。明言しないことで生まれる曖昧さをむしろ積極的に利用して「ひねり」を利かせることで，私たちは言いにくいことをさりげなくスルーして気まずい場面を切り抜けることもできるし，上記のようにことば遊びという楽しみを作ることだってできるからである。このような使い方を通して面白い表現，言い方を見つけることから，私たちの言語生活はより豊かになっていくとも考えられる。

48）韓国語原文の構造は「贅肉は私がつきます（＝贅肉がつくのは私です）」に近い。

第５章

ことばの変化を促す省略——省いたらどうなるか

これまで日本語と韓国語の省略現象及び関連現象について観察し，「効果的な情報伝達」というニーズは同じでも，それに応じた対応の様相は異なることを明らかにした。

メッセージを構成するあらゆる情報をすべて言語化することは到底かなわないため，より経済性の高い表現を求めるという動機は言語普遍的なもののはずだが，どれを言語化してどれを言語化しないかについては個別言語で対応が分かれる。そしてそのような異なる対応は，時間の流れと共に各言語がどの方向に変化するのかにも影響を与えるものである。何らかのきっかけで起きた変化は，そのあと繰り返し使われることで広まり，やがて慣習化して定着することになるのだが，省略が関わる変化において日韓の間にどのような違いが見られるかについて，具体的に観察する。

5.1　言語構造の比較②——日韓語はどこが違うか

韓国語でも見られる不完全な述語の例

韓国語の様々な言い回しを観察すると，日本語のように述語位置でなんらかの省略がおきるという不完全な述語の例が新しいメディアや話し言葉などを中心に徐々に増えるようになっている。ただしそのような例でも，事柄の内容に関わる情報は日本語の場合に比べてなるべく言語化するという方向性が見られる。以下では，一見すると日韓で共通するかのように見えながらもそのような方向性の違いが確認できる現象を紹介し，不完全な述語が日本語と韓国語という個別言語の構造的な特性や使用習慣などに裏打ちされる形で異なる様相で実現していくことを述べる。

韓国語において述語の不完全さを示す一つ目の例は，以下のようなものである。

(1)a　손님，　거기 빵… (주세요).
　　Sonnim,　keki ppang…
　　お客様　そこのパン（下さい）

b　아냐，내가　미안（해）.
　　Anya　nayka　mian
　　いや　私が　ごめん

c　밥 먹을 때는　밥에 집중（하자）.
　　Pap mekul ttaynun　papey cipcwung
　　ごはん食べるときは　ご飯に集中（しよう）

d　옆사람하고　떠들기　없기（다）.
　　Yepsalamhako　ttetulki　epski
　　隣の人と　しゃべるの　なし（だ）

上記の例はいずれも，話し手の立場的または発話の内容的に，ストレートに言うのが少し躊躇されるような場面で，最後まで言い切らないことが見られるというものである。例えば(1)aは，パン屋さんのレジ担当のスタッフが，購入しようとするパンのうち一つを差し出すのを忘れているお客さんに向けて言うものである。お客さんのミスを面と向かって指摘するというのは，お店の人間としては多少気が引けるところだろう。このように言いにくい場面で最後を言い濁してしまうということは，諸言語でよく見られる現象である。さらに(1)b, cのように，言い濁しではなく言い切りだが，「hata」を含めた一部の形式を削った表現を使う例も見られる。

言いにくいことはできるだけ言わず，その解釈を相手任せにするという傾向は，いわゆる「ポライトネス（politeness）」の戦略の一つとして指摘されてきたものである。例えば謝罪や感謝のようにやや気まずくなることもある発話，提案や忠告，命令，要求などのように相手に心的負担となりやすい発話で，意図をはっきり表す形式を使うことを避ける傾向は様々な言語で見られる。相手を不快にさせる可能性のあることはできるだけ「言わない」ことで相手と良好な関係を維持しようとするもので，「文章を完成しない」，つまり一部を言語化しないやり方は，より丁寧な態度を示す戦略になりうることが指摘されてきた（Brown & Levinson 1987, Ohori 1995, Mithun 2008）。

そして同じ言い回しが繰り返し使われれば，一部が削られた形式が習慣として定着するというのは諸言語的にあることで，「定型表現」もその一つである。

(2) a　안녕！
annyeng!
安寧

b　이럴 / 그럴　수가！
ilel / kulel　swuka
こんな / そんな　ことが

c　이걸 / 저걸　그냥！
ikel / cekel　kunyang
これを / あれを　ただ

特定の場面と結びついて慣習的に用いられる挨拶などは代表的なものである。例えば韓国語の挨拶の「안녕하세요（annyenghaseyyo, こんにちは）」は，「안녕하다（annyenghata）」という形容詞にいくつかの活用語尾が適用されたものだが，基本形は漢語の「안녕（annyeng, 安寧）」に「하다（hata）」がついたもので，意味的には「安寧だ」「すこやかだ」などになる。文字通りに解釈すれば「安寧でいるのか」という質問になるが，a のように「하 - (ha-)」以下を削った簡略バージョンを使うこともある。

またbの「이럴 수가（ilel swuka）」は，予想外のことが起きた時の「信じられない」という驚きを表現する慣用句的な言い方で，本来は「이럴 수가 없다（ilel swuka epsta, こんなことはありえない）」という表現から「없다（epsta, ない）」という否定の動詞を省いたものである[1)]。cの「이걸 / 저걸 그냥（ikel / cekel kunyang）」は，目の前の相手に対して苛立ちを向けるときに使われるもので，「ただではおかない」などの意である。この表現で「이걸（ikes-ul, これを）」は助詞「을（ul, を）」を伴った目的語の形をしているが，これを目的語にとる動詞というのは取り立てて想定しにくく，強いて言うなら「두지 않겠다（tutcianhkessta, おかない）」くらいになるだろう。

いずれの場合も，述語部分に何らかの欠損が見られる例である。ただしこれらの表現はこの形に固まっていて，一部を別のことばに入れ替えると違和感が生じる。例えば日本語で「そんなバカな！」は言えても「?こんなバカな！」となるとぎこちないのと一緒である。

(3) a　대박이 나다 / 대박을 터뜨리다 → 대박（이다）
taypak-i nata / taypak-ul thettulita　taypak（-ita）
大当たりになる / 大当たりにする　大当たり

b　소름이 끼치다 / 돋다 → 소름（이다）
Solum-i kkichita / totta　solum（-ita）
鳥肌がたつ　鳥肌

c　재수가 없다 → 재수（다）
Cayswu-ka epsta　cayswu（-ta）
ツキがない　ツキ

別の例は，慣用句のうちに動詞に該当する部分が省かれるというものである。aの「대박이 나다（taypak-i nata, 大当たりになる）」という慣用句は，「何かのことが大きく成功した」という意味で，典型的には「商売などで

1）眼前の状況に対しては「이럴 / 저럴（こんな / あんな）」，話題の状況に対しては「그럴（そんな）」が用いられる。ちなみに，他に類似した表現として「그럴 리가（없다）（kulel lika (epsta), そんなはずが（ない））」というものもある。

大儲けする」などの場面で使われるものだが，最近の用法では動詞をつけないで「대박（taypak, 大当たり）」という名詞だけを単に「すごい！」という意味で用いる用法が登場した（名詞用法の時は名詞述語文扱いで，「ita（だ）」がつくこともある）。(3) b の「소름（solum）」は，寒さや嫌悪感などに反応して起きる生理現象で「鳥肌」という意味だが，b は比喩的に「おぞましい」「こわい」などの意味でも使われていた。しかし最近は名詞の「소름（solum）」だけを感嘆詞的に使うという用法が登場した上に，否定的な意味合いとしてだけでなく，「かっこいい」「いかす」などの意味で用いるという変化も見られる。「재수가 없다（cayswu-ka epsta）」は「運がない」「ついていない」という意味で，気に入らない人や行動を目撃した時に「むかつく」という意味でも使われるが，述語を省いた名詞だけの用法もある。どの慣用句でも，述語を省いて名詞だけで本来の表現全体と同等の意味で使われる例である。特に「재수（cayswu）」の例はもともとは「いいことが起きる運やツキ」という意味なので，その名詞だけでは「むかつく」という否定的な意味を表すというのは理屈に合わないが，これは，ある表現形式の意味をその一部が担うようになる方向の慣習化で，経済性の実現方式の一つであるとも言える。そのときの気持ちを即興的に述べるという感嘆詞的な使い方が共通点であるこれらの表現は，ネットの書き込みや SNS，携帯メールに日常会話といった個人レベルだけでなく，公共性の強い放送言語にも浸透している。

「テロップ」に見られる不完全な述語

特にテレビのバラエティ番組における字幕（いわゆる「テロップ」）では，不完全な述語の使用が 2000 年代から急速な広がりを見せている（放送通信審議委員会 2016）。テロップと翻訳字幕の大きな違いは，テロップの場合，文字化するのが言語情報だけではないということである。テロップでは，画面上の人物の「発話」という形で発せられていない情報，つまり言語化されていない出演者の心境や様子などが字幕として表されることがある。例えば画面の登場人物はただ困った顔をしているだけなのに，「당황（tanghwang, 困惑）」が字幕で表示される，などである。要するに番組を制

作する側が当該シーンに対する解説を提供するというわけだが，その際に頻繁に用いられるのが以下のような形式である。

(4)　등장이　참　궁색해진!
tungcang-i cham kwungsaykhayci-n
登場が　とても　かっこ悪くなった

上記は韓国のあるバラエティ番組で使われたテロップである。これがついているシーンでは，かっこよく登場してみせるはずのゲストが，用意された仕掛けがうまく動いてくれなかったせいで中途半端な現れ方をしてしまい，バツが悪そうにしている。四角の「궁색해진（kwungsaykhayci-n）」は，動詞「궁색해지다（kwungsaykhayci-ta，かっこ悪くなる）」の語根に過去の連体形「-ㄴ（n）」が付いたものである。つまり「궁색해진（kwungsaykhayci-n）」は，文法的には名詞（句）に先行してそれを修飾する形式であるが，見ての通り，被修飾の名詞（句）が後続していない。日本語と違って韓国語では連体形と終止形が形態的に異なる上に連体形の独立性が低いため，被修飾名詞（句）が続かない上記の形は通常は非文法的で不完全なものとされる（呉他 2015）。

上記の例では文末の述語に形式的な不完全さがあるわけだが，一方で事象に関する情報はなるべく保持するような方向性が現れていることに注目したい。(4)の場合，欠けているのは連体形式の最後に置かれるはずの被修飾の名詞（画面上の人物の名前など）で，いうなれば自明な情報なのである。要するに被修飾名詞のない連体修飾文の体裁をとることで，事象の核心的な意味内容を表す動詞の語根と時制情報を持つ形式は残しながら，それより外側に置かれるものは省く，という形で効率のよさを実現しているわけである。

さらにテロップでは，規則的に述語の一部が省略されるという現象も見られる。

(5) a　얄밉다　→ 얄밉

yalmipta　　yalmip
憎たらしい

b　귀찮다　　→ 귀찮
kwuichanhta　　kwuichanh
面倒くさい

c　변명하다　　→ 변명
pyenmyenghata　　pyenmyeng
弁解する

d　부끄럽다　　→ 부끄
pwukkulepta　　pwukku
はずかしい

各例は，動詞や形容詞の最後の１音節または２音節が省かれた形になっている。日本語の場合，動詞が「u」の母音で終わったり，形容詞（イ形容詞）は「い」で終わるなど，決まった形があるが，韓国語の動詞と形容詞は語根の後に「다（ta）」が付く構成になっている（앉다, anc-ta：座る，먹다, mek-ta：食べる，춥다, chwup-ta：寒いなど）。上記の例は，a，b では下線部の「다（ta）」を，そして c では形式動詞を省いて意味的に重要な部分（語根や動名詞）だけを用いているように見えるが，d は少し違う。

(5) d は固有語の形容詞「부끄럽다（pwukkulepta, 恥ずかしい）」の後ろの音節を省いて最初の２音節だけを用いているが，この形容詞の語根は「pwukkulep-」であり，最初の２音節が一つの形態素（意味のかたまり）をなしているというわけでもないので，規範文法の枠から見ればかなり奇妙な例である。ただしこの場合，形容詞語根の一部である「pwukku」は語形が変わらない部分であるため，これだけでも元の形容詞を特定しやすく，その点で意味内容の損失は少ないと言える。

(5)に関しては語根の音節を２，３程度残す，という単純なルールが働いているようであるが，この用法の延長線上には，述語の最後の一音節を一律的に落とすというものも見られる。

この例は，一見すると日本語の話し言葉に見られる「熱っ！」など，イ形容詞から「い」が落ちるという現象にも類似しているが，関連する他の例を見ると，韓国語の場合は多少様子が違うことが分かる。

(6) a 포기했다 → 포기했
phokihaysst<u>a</u> phokihayss
あきらめた

b 그렇지 않아? → 그렇지않?
kulehci anh<u>a</u> kulehcianh
そうじゃない

(7) a 만사가 귀찮다 → 만사가 귀찮
Mansa-ka kwuichanhta Mansa-ka kwuichanh
万事が 面倒くさい

b 막상 들으려니 두렵다 → 막상 들으려니 두렵
Maksang tululyeni twulyepta Maksang tululyeni twulyep
いざ 聞こうとすると 怖い

まず(6)のように，過去形や否定形，疑問の文末形式をもつ述語にも最終音節の切り落としを適用した例が見られる（新井 2019)。「phoki-hay-<u>ss</u> (-ta)（放棄した)」「kuleh<u>ci anh</u> (-a)?（そうじゃない？)」で見るように，述語の語根に加えて過去時制「-ss（-ess)」や否定形「-ci anh」などの文法形式は残して最後の一音節を落としていることが分かる。さらに(6)のような「ひと言」的な言い方ではなく，(7)のように他の成分を従えた場合でも最後の音節だけを切り落とすという例が見られる。これは日本語の「イ落ち構文」と比べると，述語の最後の1音節が省かれるという点では確かに共通するが，日本語の場合，用法や形式が極めて限定されており，否定や過去時制などがついた形には適用できないし（「*熱くな(い)」「*熱かっ(た)」)，(7)のように他の成分を従えることもできない[2)]。さらにイ形容詞だけに見られるもので動詞は対象とならない（「*上が（る)」)。しかし韓国語の最終音節の切り落としは一語レベルだけでなく，様々な成文や文法形式をそなえた文に対しても適用できるというわけで，述語が表す事象に関する情報はほとんど温存される形で省略が起きているのである。

以上の(4)～(7)では，述語に不完全さが見られるが，日本語の場合に比べて情報の損失は少ないことが分かる。このように述語の一部が欠ける例は，1990年代後半のオンライン上のリアルタイム通信で文字数（キーボードの打ち込み回数）を減らす手段として始まったとされるもので，最初は文字ベースで取られた戦略だった。しかし最近になっては，述語の一部を切り落とすという例が音声会話でも見られるようになってきている。

文字から音声へ

最近の若者の間では，話し手の気持ちを表す言い回し，つまりモダリティ表現から一部が省かれた発話例が見られる。

(8) a　노래방　너도　갈 거(야)？
Nolaypang neto　kal ke?
カラオケ　お前も　いくの

b　재　또　어제　밤샌 듯(하다).
Cyey tto　ecey　pamsayn tus.
あいつまた昨日徹夜したよう

c　벌써　집에　간 줄(알았다).
pelsse　cipey kan cwul.
とっくに 家に　帰ったものと

例えば(8) a の，相手の意思を訪ねる「ㄹ 거야（-l ke-ya, ～するのか）?」という表現からは，最後の「ya」が省略されている。「야（ya)」は日本語の「か」のように名詞述語文で使われる文末表現で[3]，特に規範的な文法の基準では省略しないのが正しいが，近年，一部では省略する用法が登場

2)「これうまっ」のように単に語を並べた言い方はできるが，「*これがうまっ」のように格助詞がついた句は共起できない（今野 2012)。

している。また(8) b は話し手の推測を表す「ㄴ 듯하다（-n tushata, ～のようだ)」という表現の使用例だが，文末の「tus」は「듯하다（tushata, ～のようだ，みたいだ)」という形容詞の一部で，「hata」が削られた形になっている。そして(8) c の「ㄴ 줄（-n cwul, ～したものと)」は，本来は「알다(alta, 分かる，理解する)」という動詞が続いた形で「～したかと思った」という意味で使われるが，動詞を伴わずに使うという例もある。いずれも本来の構成から最後の一部が省かれているわけだが，情報損失の側面では影響が大きくない。肝心の命題の事柄に関する部分ではなく，その命題に対する話者の態度であるモダリティを表す部分で省略が起きている。

以上の例から韓国語は，日本語に比べて述語の不完全さを避けるだけでなく，不完全な述語の例においても動作や出来事の具体的・抽象的な意味内容に関わる情報をできるだけ保持する方向性が働いていると考えられる。

このような韓国語の戦略は，まずその使用環境に動機づけられている側面があると思われる。韓国語の敬語システムでは，「絶対敬語」といわれるように敬語の対象と決まった相手に対しては必ず用いることになっている。もし述語が不完全な形で，敬語や丁寧体の形式を使う上で制約が出れば，敬語の規範とは相いれない状況が発生してしまうはずである。実際にこれまで観察した不完全な述語の例は，独り言に近い感嘆詞や不特定多数向けのテロップのように対人性の低いものか，親しい友人関係で用いる普通体など，敬語規範の影響が少ない場面でのものだった。

また韓国語の場合，述語形のバリエーションが日本語より多いことも不完全さを避ける動機として考えられる。日本語の場合，少なくとも現代語においては連体形と終止形が同じで，区分は形容動詞などの一部の語種にだけ残っている。また辞書の基本形がそのまま現在形になるので，実際のテキストで基本形の例を見るのも珍しくない。一方で韓国語の場合，用言の連体形と終止形を区分する上に，辞書項目として記された基本形を実際のテキストで見るのは稀である。例えば日本語の動詞「みる」の場合，

---

3) この言い回しの元の形は「-l/ul kes-i-ya」であり，下線の「kes」は「もの」「こと」などに該当する形式名詞である。話し言葉では「kes」の最後の「s」とコピュラ「-i」が落ちるのが普通である。

「(休日は映画を）みる。」「(映画,）みる？」「(うん,）みる！」などのように基本形のままでも異なる機能を果たすことがあるが，韓国語の「보다(pota，みる)」はいずれの場合も基本形のままで使うことができない。動詞にしろ形容詞にしろ，実際のテキストでは何らかの語尾を付けた形で用いられるのがほとんどなのである。

言い換えれば韓国語の場合，それだけ述語がより多くの情報を運ぶ仕組みとなっているため，情報伝達の手段として重要度が高く，省略をする場合のリスクもその分，高くなるものと考えられる。逆に言うと，日本語はそれだけ省略の負担が少ないから，相対的に述語に対する省略を用いやすいともいえる。

このような環境で，述語を残すという方向を実現しやすくする構造的な要因もある。韓国語の場合，文法的機能を果たす主要な活用形式は「先語末語尾」といわれ，「다 (ta)」「야 (ya)」などのように文の体裁を整える役割をする文末形式に先行する。そのため，上記(6)のように最終音節を落としても過去や否定の形式は残ることになる。つまり最終音節の省略によって生じる文法機能の制約が，日本語の述語省略の時ほど大きくはないのである。

(4)～(8)のような例は，韓国語の歴史の中では比較的新しい現象とされる。現代社会で情報通信技術の発達は言語使用に大きな影響を及ぼしているが，これらの用法もオンライン上で始まり，若い世代を中心に広まっている。またこの用法が見られたのは最初は文字媒体のテキストだったが，最近は音声媒体にまで広がってきたのは面白い変化である。

5.2　言語変化と省略

言語は常に変わるものである。韓国語の場合，電報や新聞見出しなど，一部の特殊なテキストでは述語の形を保持しない書き方も見られるものの，学術書籍などの出版物における典型的な書き言葉や，一昔前のドラマの台詞などの話し言葉では述語を完全な形で保とうとする傾向が著しい。その一方で，最近は新しいメディアを中心に述語における一部または全部の省略が見られるのは，韓国語で述語の使い方をめぐる変化が現在進行で行われていることを意味する。

言語変化において新しい用法が市民権を得るための前提は当然ながら，多くの人に「広まること」である。まずは広まらなければ，「多くの話者に受け入れられる」までにたどり着けない。現代に比べて昔は，広まること自体がまず大変だった。言語変化を追跡する研究では演説文が資料として取り上げられることがあるが，現代のような形のメディア環境が整っていなかった時代，大勢の人が集まって同じ情報に接するには，演説という対面パフォーマンスがもっとも手近な手段だったからだろうと考えられる。

現在と昔が違うのは，「インターネット・SNSを含むメディアの多様化で，変化が日本全体に瞬時に伝わることである」と指摘されている（加藤 2019）。その分，変化のスピードも速くなってきた。

よく観察される言語変化の一つとして，否定的な意味をもっていた表現が肯定表現に転用されるというものがある。例えば日本語の「すごい」も，「おぞましい」から変化したのものである（大堀 2005）。近年の例としては「やばい」があり，もともとは「あぶない」などの否定的な意味の形容詞だが，現在は「ものすごくいい」という意味合いで，話し手の肯定的な感情を強調するために用いられるようになった。韓国語でも似たような例として「미쳤다（michyessta）」があるが，これは「미치다（michita, 気が触れる，いかれる）」という動詞の過去形で，本来は精神的な異常をきたすという意味である。比喩的に使われる場合は「（そんなことをするなんて）正気ではない」などのように相手の間違った行動を非難するきつい言い回しだが，最近，若者の間では「분위기 미쳤다（pwunwiki michyessta, 雰囲気イケてる）」などのように何かが「ものすごくいい」の意味合いで用いられるようになっている[4)]。

4）また第4章でも紹介した「너무（nemwu, ひどく）」は「適度な水準を越して」という程度副詞で，もともとは「고기가 너무 질기다（肉が硬すぎる）」などのように否定的な表現と一緒に使われていたものだが，今は否定的な意味合いは薄れて形容詞との意味的な共起制限はあまり見られず，単に「すごく」という意味で使われるようになった。

言語変化では，それまでにまったく存在しなかった新しい言葉を作るより，従来のものの新しい使い方を考案して表現力の幅を広げるというパターンが多い。以下では特に，本書で取りあげてきた例に関わる言語変化やその仕組みについて紹介する。

「寒いんだけど！」——脱従属化

省略が関わる言語変化の一つに，複文構造で従属節が主節なしで用いられるようになるというものがある。

私たちが文や発話を考えるとき，二つ以上の文をつなぎ合わせて使うというのはよくあることである。例えば伝えたい内容が「遅刻をしてしまったこと」と「その理由」と二つあったとき，「遅刻しました」「電車が止まりました」と一文ずつ言うのではなく，「電車が止まって／遅刻してしまいました」などのように，一つの文としてつなげるというわけである。この時，元は二つの文だったそれぞれに対して「従属節」「主節」という名称を用いる。この二つは振る舞いが違うし，言語によって振る舞い方の違いの様相が多様なこともあって，言語学において主要なテーマの一つとなってきた。

「従属節」はその名前の通り，独立していない節なのである。「電車が止まって」は文として最後まで言い切っていない感があるということ以外にも，主節と比べるといくつか足りない点がある。まず「止まって」は過去のことなのか，未来のことなのかがこの表現だけでは分からない。「(この雪だと明日は) 電車が止まって遅刻しそうだ」などからも分かるように，起きてもいない仮定の内容にまで使える。この場合，従属節が示す事柄がいつ起きたことなのかの解釈は，主節で決まる。主節の述語が「〜しました」の形であれば従属節の「止まって」は過去のことになるが，「しそうだ」なら「止まって」はまだ起きていないことにもなりうる。時制に関する解釈を主節に依存しているわけだから，独立していない「従属節」なのである。

しかし実際の発話では，「あの，実は電車が止まっちゃって…」などのように主節を言わずに従属節だけで言い濁すようなことがよくある。以下は，日本語で従属節だけで文が成り立っているという例である。

(9) a　（帰宅後の第一声として）外，めっちゃ寒いんだけど。
　b　言ってくれれば車で迎えに行ったのに。
　c　でもいつ終わるか分からないし。
　d　まったく，変なところで気を遣うんだから。

(9)の例では，「〜けど」「〜のに」「〜し」「〜から」など，従属節の形をしたものが単独で用いられていて，いずれも主節らしきものは見当たらないが，特に不自然というわけではない。これらの例は言い始めたものを途中でやめるという印象から，「言いさし文」（白川 2009），「中断節（suspended clauses）」（Ohori 1995, 大堀 2002）などと呼ばれることもあるが，実は日本語だけではなく，他の言語でも観察される現象である。例えば英語でも「If you could give me…（…をいただければ）」などのように，丁寧な要請の言い方として IF 節が単独で使われることがある。この場合の主節は「I would be most grateful（すごくありがたい）」などになるが，それがなくても別段問題はない。このように一見従属節に見えるものが主節のように単独で使われる現象は「脱従属化（insubordination）」と呼ばれる（Evans 2007, Narrog 2016）。

この現象が起きるプロセスではまず，主節と従属節の複文から何らかの理由で主節が省略され，従属節だけの構造が慣習化していき，やがて主節として認識されるようになる。主節の省略が起きる段階では，まだ主節の内容は特定のものに限られず，前後の文脈などから復元できるものだが，慣習的に使われるうちに主節の内容がある程度固定されるようになる。そして最終的には，（元）従属節がそれ自体で特定の意味をもつものとして定着し，主節らしきものを復元することもできなくなるのである。例えば(9) a で見られる「〜けど」も，本来は逆接を表す従属節として様々な主節と組み合わさることができるものだが，ここでは前後の発話と内容的に対立することを示すわけでもなく，会話の始まりに話題を提供するという特定の用法で使われているのである。韓国語にも脱従属化の例があり，条件節などを単独で使う用法が見られる。

(10) a 나도 이번에는 합격했으면 (좋겠다). (ムン 2015)
Nato ipeneynun hapkyekhayssumyen (cohkessta).
私も今度は 合格したら うれしい

b 예쁘기는 (뭐가 예뻐 ?) (ムン 2015)
Yeyppukinun (mweka yeyppe?).
可愛いとは 何が可愛い

c 날씨가 이렇게 춥다고 ?
Nalssika ilehkey chwuptako
天気が こんなに 寒いと

まずaは条件を表す「〜면（myen, たら / れば)」の従属節の例である。省略された主節の意味は「(合格が適えば) うれしい」などで，条件節のみで祈願の意味合いで用いられるというものである。bの場合，発話の意味は「可愛いなんて」などに相当する軽い否定であり，相手から「可愛い」と褒められたことに対して謙遜の意を表す言い回しである。復元可能な主節としては「뭐가 예뻐（mweka yeyppe, 何が可愛いんだ)」という修辞疑問文を想定することができる。そしてcは，引用形式の「〜고 하다（ko hata, という)」から従属節「〜고」だけが単独で使われるようになったものである。この場合，本来は文の接続に使われる形式である「고」が文末形式になるという変化として捉えられる（イ 2020)。このような現象は韓国語の中では他にも頻繁に例が見られ，「文法化」の事例として注目を集めてきた。

「というわけで。」——文法化

「文法化（grammaticalization)」とは，人間の言語で文法が作られていくプロセスをいう。本来は具体的な意味をもっていた形式（内容語）がその意味を失い，文法的な機能を果たすようになる言語変化のことである（大堀 2005, Hopper & Traugott 2003)。代表的な現象としては，英語の動詞「go」における変化を挙げることができる。「go」は「いく」という意味の動詞だが,「be going to」という形式になると,「どこかに移動する」という動詞本来の意味は薄れ,全体が未来の時制を表す文法的な役割をするようになっている。「go」だけでなく「come」「begin」「end」「speak」「see」などの意味をもつ動詞は諸言語において使用頻度が高く,そのような語は文法化の対象になりやすいことが観察されている。

日本語も例外ではなく,「〜ていく」の「いく」は移動の意味が薄れ,補助動詞として機能語に近い働きをするようになっている。また「というわけだ」における「いう」もその例である。「というわけだ」は,話者の意見を述べるモダリティの役割をしているが,「いう」は特に「しゃべる」ことを意味しない。多くの文法形式は文法化を経て作られるとされているが,例えば日本語の方向を表わす助詞「へ」は名詞「辺(へん)」から発達したもので,「ぶっちゃけ」は,副詞節の「打ち明けて言えば」が縮んだ結果だという(大堀 2005)。

また内容語のように自立できる形式でなくても,すでに文法的な機能を果たしている形式に新しい機能が加わって使用範囲が広くなるというのも,文法化のパターンである。日本語の格助詞「が」が接続助詞として使われるようになったのは,そのような例である。

韓国語における文法化の例も多様である。動詞の活用形から文法化した助詞も多く,接続形式が文末表現として使われるようになるという上記のケースも,頻繁に起きることが報告されている。以下に韓国語の文法化の事例を紹介する。

(11) a 그가 나 보고 먼저 가라고 했다.(イ 2020)

Kuka napoko mence kalako hayssta

彼が 私に 先に行けと言った

b 너 없인 어지럽고 슬퍼져 기운도 막 없어요(Red Velvet「Psycho」)

Ne epsin ecilepko sulphecye kiwun-to mak epseyo

君なしではめまいがして悲しくなる元気もないの

a の四角部分は，韓国語の動詞「보다（pota, 見る）」の活用形が日本語の「に」に該当するものに文法化した例である。この過程では，まず本来は他動詞である「보다（pota）」が「나를 보고（na-lul po-ko, 私を見て）」などのように目的語をとる。その後，助詞「를（lul, を）」が省略され，動詞の「보고（見て）」が先行する名詞に直接つく助詞のように認識されるという。韓国語ではこのように目的語をとる他動詞の活用形が助詞になる例が頻繁に見られる（イ 2020）。

b は韓国の歌謡曲の歌詞である。四角の「막（mak, むやみに）」は本来，動きの様子や動作のあり方などが精細さを欠いて雑であることを表す副詞である。しかし最近は本来の副詞としての意味や機能の一部を失い，話をテンポよく進める役割をする「談話標識（discourse marker）」として文法化している（Kim 2011）。b で状態を表す「기운도 없다（元気もない）」との組み合わせは意味的には不自然なはずだが，これが可能になったのは，「mak」が本来の意味をほぼ失っていることを意味する。

このように内容語が本来の意味を失って文法機能をもつ機能語のようになるだけでなく，機能語に近い語が他の機能を獲得するようになるのも，文法化の例である。いくつかの例にも見られた通り，このような変化が起きるときは何らかの省略が起き，そのせいであるものが本来とは違うものに見直される「再分析（reanalysis）」という現象が伴われることがある。

勘違いとつじつま合わせ――再分析

話者が新しい言語表現に出会うと，その表現を正しく解釈するために自分の知っている言語知識の範囲で「つじつま合わせ」を試みるのだが，そこで「勘違い」が起きることがある。代表的な例として知られているのは「hamburger」という語が「ham」と「burger」の結合として理解されるという例である。しかし語源をたどれば「hamburger」は「Hamburg」＋「er」であり，現在知られている解釈は正しいものではないが，今はこの解釈に基づいて日本語でも「バーガー」が様々な語と結合して新しいバーガーの種類を示すのに使われている。「チーズ」「フィッシュ」などの外来語だけでなく，「エビ」「照り焼き」「月見」など，固有語や漢語とも結合するほど定着している。本来とは違う解釈をするというのは子供の言語習得でも見られる現象であり，新しい世代による再分析は，言語変化を推し進める主な動因の一つであるとされている。

このような「再分析」は，ときには文法化を引き起こすこともあると指摘されている。前述した「be going to」の文法化でも再分析が起きているが，まずは移動を表す動詞である「go」の進行形である「be going」に，目的を表す不定詞句「to marry Bill（ビルと結婚するために）」が続くという組み合わせで，本来とは違う境界線がひかれることが起きる。つまり「[be going] [to marry Bill]」から「[be going to] [marry Bill]」というふうに，未来を表す助動詞と行為を表す動詞句として「再分析」されるというわけである。これにはまた，目的とはまだ実現していないものであることから，これから起こること，つまり「未来」を意味するものとして受け取られるという思考も手助けする。再分析が起きると，今度は目的や意図とはそぐわない動詞（「like」など）にまで用法の適用対象が広がるようになることで，「be going to」は未来を表す助動詞として完全に定着するというわけである（Hopper and Traugott 2003）。（11）a の韓国語の例で，助詞「를（lul, を）」の省略によって続く動詞が代わりに助詞として認識されるようになるのも，再分析の例である。

再分析は，文法化だけでなく新しい用法を生み出す時にも関わることがあるが，以下に日本語の例をいくつか挙げる。

（12）a（でもさァ俺だって精一杯頑張ってるよ !!　なのに最後髪ずる抜けで化物になんの !?）
嘘でしょ!?　嘘すぎじゃない !?（アニメ『鬼滅の刃』2019）
b プロ根性試すには鬼コーチすぎるぞ（漫画『NANA』, 2002）
c ぜんぜんだいじょばないけど（Perfume「だいじょばない」, 2013）

(12)a の「〜すぎる」は，基本的に名詞にはつかず，動詞の連用形や形容詞・形容動詞の語幹についてある行為や状態などが度を越えていることを意味するものだから，本来は名詞である「うそ」にはつかないはずである。「うそ」はある事柄に対して「うそかそうでないか」という二つの値があるだけだから，意味的にも程度を表す表現ではない。慣用的には，「うそ」「うそだろう」「うそでしょう」などの形で，何か信じがたいことに対する驚きを表す。上記の例文は，目の前の現実を受け入れることができずに否定したくなる気持ちを強く表すもので，「～すぎる」を足して「うそすぎる」という言い方（の名詞形）を用いて，まるで「うそ」に程度があるかのように使っている。これは現実否定（＝うそ）の気持ちを何らかの属性のように捉えなおしていることになる。

これは(12)b と比べるとより分かりやすい。同じ名詞であっても，「コーチ過ぎる」とは言えない。これに「鬼」をつけて「鬼コーチ」という言い方にすることで，「指導におけるきびしさ」という，程度で示せる属性感覚を読み込めるから可能な表現である。

また(12)c の「だいじょうぶ」という形容動詞の語幹に対して，動詞活用をするかのように否定形を適用している例も見られる。たまたま動詞と同じように「u」の母音で終わっていることから「大丈夫ではない」という代わりにわざわざ規範から外れた言い方を用いている。

このような変化は一過性で終わるかもしれないが，その言語の話者たちに受け入れられれば，該当言語の一部として定着するようにもなるだろう。韓国語からも，最近見られる面白い例を一つ挙げておく。

(13)　1도　없다
　　　1 to　epsta
　　　一も　ない

韓国語には「하나도 없다（hana-to epsta）」という慣用句があるが，意味は「一つもない」「まったくない」に該当する。四角の「하나（hana）」は数字「1」に当てられる固有語読みである。日本語同様，韓国語の数字の読み方には固有語読みと漢語読みの2種類があって，数字「1」は「하나（hana)」と固有語読みをする場合と「일（il）」と漢語読みをする場合が慣習的に決まっている。上記の例でアラビア数字で書いている部分は，もと

はといえばハングルで「하나（hana）」と書くのが通常の表記である。ところがある芸能人がテレビで「하나（hana）」を「1」で代替した書き方をしたのがきっかけで広まり，なお読み方も漢語読みである「il」にすり替わって「il-to epsta」という言い方が広まったとされている[4)]。そして若者の流行に敏感な放送業界がさっそくそれを取り入れることでさらに広まり，今では特に若い世代の間ではすっかり定着した感がある。これから生まれる子は数字で表記された「1」を見てもともとの読み方が「hana」だったことは知らないまま「il」だけを使うことになるかもしれない。

失ったものを求めて――再定形化

脱従属化や文法化などの言語変化において，その過程に省略や再分析が関わることで経済性などの機能的な動機に対応する方向性が見られることを確認した。一方で，そのような変化を経た形式にはいくつか制約が生じることもあり，それが動機となって今度はその制約をなくす方向での変化が触発されることもある。

基本的に述語が不完全な形になると，事柄にかかわる様々な抽象的情報を足すための文法形式を使うことが限られる。代表的なものである時制，相，態，法などは，日本語の場合，動詞に適用される形式で，このような形式が足された動詞はより複雑な事柄を表現できるようになる。その点で，これらの文法形式が用いられることは述語としての性質が（名詞に比べて）より際立つことを意味するもので，「定形（finiteness）」の度合いが高いことになる（Givón 1990, Bissang 2016）。例えば動名詞の「説明」を動詞形の「説明する」と比べると，「説明」は定形性が低く，「説明する」の方がより定形性が高いことになる。そして動詞形ではなく動名詞の「説明」だけを用いることは，文字数が減らせるなどのメリットがあるが，その代償に定形性を失う，という言い方もできる。また従属節と主節では，時制解釈などを主節に依存する従属節のほうが定形の度合いが低いとされる。

4）日本語でイメージするなら，「（シミ）ひとつない」をネットで誰かが（例えば画数が減るなどのメリットから）「1ない」と書き始めたところ，いつの間にかオフラインでも「（シミ）イチない」という言い方が広まってしまった，といったところだろう。

日本語の「〜ないと（いけない）」「〜かも（しれない）」は，それぞれ「いけない」と「しれない」が省かれて最後が「も」「と」で終わっているので，ここに動詞につくような様々な文法形式を付け足すことはできず，定形性が低い。ところが，日本語においては以下のような例が見られる。

(14) a 今回は「記念」の運動会なんて絶対行かないとだわ♪（ブログ）
b これはマジで全校応援あるかもだぞ（アニメ『銀の匙』）
c あ，座った方が弾きやすいかもです（アニメ『けいおん！』）

(15) a だから３号の２階になるとエレベーター使わないとだし…（ブログ）
b 答えのない質問もあるかもですが，…（ブログ）
c 明日，世界が滅びるかもなので，本日は帰りません（漫画のタイトル）

(14)(15)では省略形式の「〜かも」「〜ないと」が，抑えられた定形性を「だ」の挿入によって取り戻すという現象が起きていて，いわゆる「再定形化（re-finitization）」（Givón 2016）の例としてとらえることができる。(14) a と b で用いられている終助詞の「わ」「ぞ」は，「だ」の介在がなければつくことができない（「*〜行かないとわ」「*〜あるかもぞ」）。これらの例にはもう１つ，構造的な制約があり，複文の従属節で述語位置に立つことができない。

(16) a 彼は今診察を［受けている］から / ので / し，電話に出られない。
b 私が直接観察［した］のに / が，記憶にない。

例えば代表的な従属節の接続形式「から」「ので」「し」「のに」「が」などは，定形述語を要求するため，「〜ないと」や「〜かも」に直接つくことができない。この形式が従属節の述語位置にある(15)では，「だ」がなければいずれも非文になってしまう。「だ」の補足は，このような機能的，統語的制約を克服するための手段であると考えることができる。実際に，コーパス（BCCWJ[5)]）では上記の省略形式に「だ」が後続する例が見られるが，多くが「かもなので」「かもだから」など，従属節である。

むろん，終助詞の使用や複文構造における制約だけが「だ」補足の理由とは考えられない。終助詞の中には「な」「ね」のように，定形述語以外に対しても使用可能なものがある上，何より定形性の低さが問題であれば，省略前の形式に戻せば済む話だからである。これらを考え合わせれば，「しれない」「いけない」などを復元する代わりに「だ」を使用するのは，短い形式を使うことで得られる語用論的効果はある程度保持しながらも，省略で必然的に発生する制約を回避する動きとして理解することができる。

これに近い例は韓国語でも見られる。

(17) a 지금 계좌로 쏴 드림.
Cikum kyeycwalo sswa tulim
いま 口座に 振り込んであげる

b 이거 어디서 샀음?
Ike etise ssassum
これ どこで 買ったの

上記の例は，最近若い世代を中心に，友達などの親密な関係で使われる言い方である。四角で表示した部分では，第 4 章で紹介した名詞化語尾の「ㅁ / 음（m/um）」がそれぞれの述語についているが，日本語の訳文からも分かるように，これらの例は別にメモ書きなどのように文がまとめられたものではない。自分がこれからとる行動を相手に伝えたり（a），人に質問したり（b）などといった発話機能を果たしているという点で，「ㅁ（m）」は文末形式のように使われている[6)]。

ただしこの形式には，名詞化が適用されたことによって発生する制約がある。

5)「現代日本語書き言葉均衡コーパス（The Balanced Corpus of Contemporary Written Japanese）」の略で，現代日本語の書き言葉テキストを大量に集めた資料のこと。
6) 韓国語で名詞化に用いられる形式には他に「기（ki）」があり，「ㅁ（m）」とは類似した機能をもつが，文末形式としての用法はあまり見られない。

(18) a 제주 공기도　　장난없음이네 (ツイッター)
Ceycwu kongkito cangnanepsuminey
済州島空気も　　半端なさ なんだ

b 그건 다　등짝 스매싱을　　방지하기 위함**이지요**. (WEB 漫画)
Kuken ta　tungccak smaysingul　pangcihakiwihamiciyo
それは全部 背中スマッシング[7] を 防止するためだよ

各例では，四角で囲っている部分は名詞化形式「ㅁ (m)」が適用された例だが，その続きに注目したい。それぞれ名詞化形式が適用されたあとにコピュラの「-이 (i)」が加えられていて，その後 a では文末表現の「네 (ney, のだ)」が続いている。この文末表現は日本語の「ね」とは違って名詞形には直接つけることができず，コピュラ「i」の介在がなければ使えない。また b では別の文末形式「지요 (ciyo)」が続いている。第 4 章でも紹介した「지요」は，質問文でも一般文でも頻繁に用いられるものだが，名詞形に直接つくことはできない。四角の部分は文法的に名詞扱いになるので，「네」や「지요」を適用することができないという制約が生じるのである。韓国語は話者の心情を細かく表し分ける文末形式が非常に発達している言語であり，それらが使えないということはそれだけ，表現できる幅が狭くなることを意味する。だからここではコピュラを使うことで，その制約が回避されていることになる。

しかしここで注目したいのは，「지요」などの文末形式をつけるには，単に名詞化を解除して動詞形に戻すというより簡単な方法があるということである。これも，表現力を強めるという方向の戦略として理解することができる。そのことは，a と b がどのような場面での文であるかという点からうかがえる。二つとも若者に身近なテキストからの例で，a が驚きを強く表現するツブヤキの言い回しであることや，b が友達などの親密な関係で使うおどけてみせる言い方として使われたことからも裏付けられる。

---

7) これは学生などがよく使う俗語で，意味するのは「背中をパシッと叩かれること」である。主に親が子供に対して怒るときにすることで，転じて「怒られること」の比喩表現としても使われている。

単に自分の行動や感情を説明するのではなく，普通とはやや違う言い回しを使うことでコミュニケーション上の効果を上げているのである。

このように動詞の名詞化とコピュラを使用した形式は他の言語でも見られるもので（Givón 2016, Vanhove 2016），韓国語においても似たような変化が見られるのは興味深い。これも日本語の場合同様，定形性を失った述語に再び定形性をもたせる方向の変化であると考えられる。

以上のことから，日韓両言語における不完全な述語の使用は，省略による経済性を実現する手段として発達し，その過程で得られた語用論的効果を活用して表現力を高める一方で，統語的な制約などを克服できる再定形化の動きも同時に起きているという流れを想定することができる。

5. 3　経済性 vs. 表現力

競合する動機

二つの相反する動機が競合し，それが言語における変化を促す要因になる，という考え方はこれまでに様々な研究者から提示されてきた（Du bois 1985, Goldberg 1995, Hopper & Traugott 2003, Deutscher 2016）。

その中でも言語変化において特に強力な動機の一つとされるのは，「経済性」の追求である（Hawkins 2004, Haspelmath 2008）。もちろん経済性といっても単なる節約ではなく，いかにして言語活動における効率を高めるのかという意味である。

人間の言語において経済性を具現するやり方は様々である。どの言語にも見られる普遍的なものもあれば，個別言語で異なるものもあり，どのレベルで存在するかにおいても様々なルールが働く。「言語化しなくていいものはしない」などのように，どの言語でも普遍的に見られるルールには「語彙の阻止」も含まれる。これは同じ意味の表現がすでに存在するときには派生形を用いることが制限されるという現象で，日本語の場合，可能の「られ」は意味的に整合する限りどのような動作動詞にも付くが，例外的に「する」には付かない（影山 1993）。可能の形式動詞として「できる」という語が存在するから，わざわざ「られ」を「する」に適用してもう一つ，似たようなものを作ることはしないというわけである。「二度手間」で労力を無駄にしないようなメカニズムなのである。

言語体系全体において働く原理の他にも，言語使用の各場面や，各使用者のレベルで関わる諸要因があるだろう。

競合する動機のうちどれを重視するのか，という選択によって結果は分かれることになる。各要素はもちろん「0か1か」のデジタルなものではなく，程度の問題になる。だからそれぞれの要素同士の組み合わせ方や関り方によって，多くのバリエーションが生まれることになる。

例えば，眼前の状況をモノ中心に表現するか，コト中心に表現するか。表現力をフル活用するような形式にするか，最小限の形式だけ使い，残りは相手に悟ってもらうようにするか。同じ事柄に対してもどのように表現するのかは様々だし，その際に対照的な動機のどちらかを選択するようなことになる。片方の長所は常にもう一方の短所なので，あっちを立てればこっちが立たない，という状況になるのである。

「経済性」と「表現力」の間

本書の関心事は，言語普遍的な原理を踏まえて，日本語と韓国語という個別言語では経済性と表現力の間でどのようなバランスのとり方がなされていて，どのような違いがあるのかという点であった。

そのために日韓で見られる不完全な述語の様相について，主に時間的・空間的に制約の強いテキストの例を中心に見てきた。そのようなテキストでは述語の一部または全部を省くことによって文字数を減らすなど，より軽量でコンパクトな表現を作ることができるという「経済性」が生きたが，このような経済性は裏を返せば「伝わりにくさ」にもなりうる。一部の情報を言語化しないことで長さを節約するのは確かに利点になるが，形式が短くなればその分，情報が明確に伝わらないリスクが増える。言い換えれば，言語的手段で表現できる幅が狭くなってしまうのである。

日本語の場合，不完全な述語を用いることで形式の短さを実現する戦略が様々なテキストで見られたが，述語の一部または全部を省くことによって，「コト」に関する具体的・抽象的情報を言語化しないという傾向があった。一方で韓国語の場合，そのような述語の不完全性は相対的に抑えられていて，コトに関する情報が保持されやすい方向に省略が行われるという特徴があった。また一部のテキスト（見出し）では，「モノ」に関する情報である助詞を積極的に省略することで経済性を実現するという戦略も用いていた。これは韓国語の場合，「コト」に関する情報がコミュニケーションにおいてより重視されることを示唆するものでもある。

一方で，経済性の追求に伴われる表現力の低下が別の側面で補われるような現象も観察された。例えば不完全な述語を持つ表現は，相対的に完全な表現に比べて，聞き手・読み手に与える印象が違うことがあり，そのような語用論的効果の使い分けが活用されているようである。例えば見出しで用いられる不完全な述語は，「テレグラフィック・スタイル」とも言われる圧縮的な文体を特徴づける大きな要素であり，不完全な述語の使用はそれと結びついた特定のジャンルを想起させやすくする効果があるというのは，日本語でも韓国語でも同じである。

また日本語の翻訳字幕の場合，不完全な述語は劇的緊張の強い場面で用いられ，コメディ要素が強い作品よりはミステリーやアクションなど，緊迫した演出が多い作品で頻度が増えるという傾向がある。

韓国語でも，新しいメディアでは日本語同様，不完全な述語の用例が多数観察されている。娯楽性の強いバラエティ番組のテロップや漫画の台詞，自己表現の手段としての性格も増してきたブログやSNSなど，単純な情報伝達以上の機能が重視されるテキストで不完全な述語の例が散見されるようになってきている。いずれも時間的・空間的制約が比較的強い上に，事柄をより心情豊かに伝えることが求められるテキストである。

これらは比較的最近の変化として指摘されている現象であり，韓国語の言語構造的な性質という言語内要因に加え，現代社会における情報量の劇的な増加やメディア環境の複雑化や多様化など，言語外要因にも大いに影響されていることを示唆するものである。

一方で，述語の不完全さを緩和して表現力の改善を図る例も見られた。例えば「〜かも（しれない）」などの言いさし表現が，「だ」を補足することで述語としての不完全さに伴う制約をヘッジできるようにする例である。

日本語も韓国語も，文末に文法形式が集中しやすいという点で，述語に不完全さが出ることは表現力に様々な制約が出ることを意味する。従属節で述語位置に立てないという統語的制約もそうだが，特に対者敬語やモダリティの使用など，会話上の配慮に関わる形式の使用も制限される。

コピュラの介在による再定形化の例は，述語の不完全さで発生する制約を解消する手段が，元の不完全さのない形式に戻すことではなくコピュラを用いることであるという点で興味深い。短い形式を使うことで得られる語用論的効果はある程度保持しながらも，述語の不完全さで必然的に発生する制約を回避するという戦略として理解することができる。

以上の事実を考え合わせると，日韓両言語の不完全な述語において見られる様々な違いは，言語使用における経済性と表現力という，二つの競合する動機に触発されて進む変化が，それぞれの構造的特性などを背景に日韓の間で異なるペースとあり方で実現していることに起因すると考えられる。

コラム5 「限界効用逓減の法則」と「鬼パリピ」

経済学の概念の一つに，「限界効用逓減の法則」というものがある。簡単にいうと，「回数を重ねるごとに物事の効果は減っていく」という傾向を捉えた用語である。身近な例を挙げると，2限までの空腹を耐え抜いて食べる昼食の最初の一口はすごくおいしく感じられても，最後の一口ではもはやそこまでの悦びはないはずである（先に満腹になっていれば，おいしいどころか苦しい）。何かの効果は，それが繰り返されるうちにだんだんすり減っていくしかない，というわけだ。

ことばを使う上でも，このような「逓減」が働く。代表的なものは，インパクトを持たせるために用いる強調表現である。「寒い」に「すごく」や「ものすごく」などをつけるだけでは飽き足らず，様々なものをつけて自分が体験している感情をより色づけする表現を用いるのは，ことばを使う時によくあることである。古くは「超」や「マジ」，「鬼」，「ガチ」など，様々なものが登場しては次の物にとって代わられてきたが，流行りの新しい表現も，しばらく使っていると慣れてきて物足りなくなってしまうからだ。つまり「効果がすり減る」のである。

新しい言葉を造り出す若者集団としての活躍が目覚ましいのは，なんといっても女子高校生だろう。近年の女子高生言葉の中に，「鬼パリピ」というものがあって，例えば「鬼パリピ寒い」のように使うらしい（『ホンマでっかTV』2018.4.25)。要するにこれも「ものすごく」の同義語なのである。この謎の語の素性は，一世を風靡した「鬼」に「パリピ」を加えたものである。「パリピ」とは「パーティー・ピープル」の略で，楽しく騒ぐこと（例えばパーティー）が大好きなテンション高めの人，くらいの意味で使われている。ただし「鬼パリピ」では「パリピ」の意味はちょっと違っていて，「テンション高めの人」から「ものすごく」へと，何かの度合を強調する飾りの役割をするように変わっている。もともとはある特徴をもつ人を指す言葉（内容語）が本来の意味を失い，他の語の意味を強める機能を果たす言葉（機能語）として用いられるようになっている。具体的な指示対象をもつ内容語から抽象的な文法機能を遂行する機能語に近づくという方向への変化は，まさに「文法化」の一端を示す例である。

おそらく「鬼パリピ」も，まだ見ぬ次世代の強調表現に王座（？）を譲ることになるだろう。どのような表現が登場するかは今後の楽しみであるが，

「重ねて強調する」というのが一つの基本的な発想のようである。「光輝燦然」といった，およそ女子高生の言葉とは縁遠そうな四字熟語でも同じ考え方が見て取れる。これは「鮮やかに美しく光り輝くさま」を意味する昔の言葉だが，「ひかる」という意味の字が三つも入っているのである。どうやら「すごいものにすごいものを足してもっとスゴイものにする」という発想は，昔も今も有効であるようだ。時の流れと共にその効果がすり減ることもまた然り，である。

第６章

結論
——省くか，語るか

6.1　省く情報と語る情報

これまで述語における不完全性について，類似した言語構造を持つ日本語と韓国語の様々なテキストの比較から両言語が異なる様相を示すことを概観した。韓国語の場合は日本語に比べて全般的に述語における省略が少ないという傾向は存在するものの，一部のテキストでは日本語同様の現象が観察されること，そしてインターネットなどを中心に韓国語特有の現象も広まっていることを見た。一方で日本語では，形態・統語的に不完全な述語が韓国語に比べてより広い範囲で活発に用いられることを確認できた。経済性と表現力という動機が競合する中で見られる述語の不完全さも，どの方向に対応するかによって日本語と韓国語の間で異なる実現様相を示しており，日本語の方では多様な形式として定着しているものと考えられる。

新しい用法，特に規範的でない用法が何らかの理由で登場するのは言語の常であるが，それが一時的な現象となるのか，それとも慣習化して該当言語内に定着するのかは，共時的な観察のみならず通時的な分析を並行する必要があるだろう。さらにそこに個別言語の持つ構造的な特性がどのように関わるかも，さらなる考察が求められる問題である。

これまでにも述べてきたように，私たちは頭の中にある情報をすべて言語化するわけではない。メッセージを構成する対象，概念，その間の関係などといった多様な種類の情報をことばを使って明示するのか，しないのかというのは，どの場面でも，どの話者でも，ひいてはどの言語においても常に直面する選択である。時間も体力も限られているので，言語化するものは一部にとどめ，言語化しない情報は文脈などを基にした推論に任せるというのがすべての言語がとっている折衷策である。言語化するか否かという選択が個人レベルで決まるときもあれば，言語文化圏で習慣的に決まっている部分もある。だがその「言語化する情報」がすべての言語で同じ種類になるとは限らない。ある言語で伝えられるメッセージが別の言語に訳されると，意図される内容が同じであっても，その内容を構成する要素がどのような形式で顕現するかまでは一致しないことが多い。いわゆる「コミュニケーション・スタイル」の違いには，言語化のターゲットになる情報の優先順位が違うことも大きく影響しているものと考えられる。

6.2　日韓の省略，そしてコミュニケーション

「空気」と「ヌンチ」

日本語に「空気」という言葉がある。「地球を包む混合気体」のこと以外，「その場の雰囲気」や「脈絡」などを比喩的に指し示す時にも使われる。英語でも「atmosphere」は「大気」から転じて「雰囲気」という意味にも用いられるので，常に包まれているという感覚から抽象的な意味としても使われるのは他の言語文化圏でも共通のようである。その場の雰囲気というものは，ことばで説明しようとすればややこしくて，お互い「なんとなく分かる」ものとして暗黙の了解に任されてしまうことが多い。だからことばで明示される知識というより，漠然と感じ取るものであると認識される。

特定の場に流れている雰囲気を把握することができず，状況にそぐわない言動をとってしまうことがたびたび起きるが，そのような状態は「空気が読めない」と表現される。不文律に近い「何か」を察することができない，あるいはそれに合わせて行動しないことは日本社会では往々にして望ましくないとされ，そのような人のことは「KY」と呼ばれることもある。

言うまでもなく，「空気」のKと「読めない」のYからなる語である。

実は韓国語にも「空気」に近い表現があって，「눈치 (nwunchi)」というものになる。「ヌンチ」という発音のこの語は，意味としては「人の心をその場の状況などから推し量ること，またはその能力」となっていて，他の言語に訳すのがなかなか難しい語であるという点でも，日本語の「空気」と通ずるものである。「눈치를 보다 (ヌンチを見る)」という慣用表現は，日本語の「空気を読む」におおむね該当する。

そして空気を読む能力が高い，つまり「察しがいい」ことは韓国でもよしとされる。そのような場合，「눈치가 있다 (ヌンチがある)」または「눈치가 빠르다 (ヌンチが早い)」という言い方になる。反対に日本語でいう「空気が読めない」ことは「눈치가 없다 (ヌンチがない)」という[1)]。「ヌンチ」というものを持ち合わせていないことで，その場で適切とされる行動がとれないことを意味する慣用句である。

(1) a　저 친구는 사람은 좋은데 눈치가 좀 없어요.
(あいつは人はいいが，ちょっとヌンチがない)

b　눈치가 빠르면 절에 가도 새우젓을 얻어 먹는다.
(ヌンチが早いとお寺でも塩辛にありつける)

(1)a は「悪いやつじゃないんだけど時々空気読めないんだよね」という人物評，(1)b は韓国のことわざである。韓国でお寺といえば，通常は仏教の教えに従って肉食を避けるため，魚介類で作られる塩辛のような食材とは縁遠い場所なのだが，「ヌンチ」さえ早ければそんなところでも塩辛にありつけるというわけである。要するに空気を読んでうまく立ち回ればどこにいっても困ることがない，という意味である。

「空気」も「ヌンチ」も，「ことばなどで明示されない関連情報をキャッ

1）「눈치가 없다 (nwunchi-ka epsta)」。そのような人を指す俗語もあって，「눈새 (nwunsay)」(nwunchi epsnun saykki：ヌンチのない野郎) となる。ちなみにここに含まれている「saykki」は日本語の「野郎」に比べてかなり戦闘力の高い罵倒語なので，よい子 (及び大人) は通常の場面での使用を控えることをお勧めする。

チする能力」に関わる表現で,「ヌンチ」は「勘」「センス」「機転」などとも意味が重なり,「ヌンチが早い」ことは「機転がきく」という意味にもなる。しかし韓国語の「ヌンチ」は,「空気」とはカバーする範囲が微妙にずれている。その違いをより明確に理解するためには,「ヌンチ」を「空気」と訳すと不自然になる場合を見ればいい。例えば外国旅行の際,お店で何かを注文するときを考えてみよう。言っていることはほとんど分からなくても,相手の表情や態度などから状況を察して,適切に振る舞うことができる人もいるだろう。そのときに自然な言い方は,韓国語だと「ヌンチが早い」になるが,日本語の場合はおそらく「空気を読んだ」よりも「勘を働かせた」の方がしっくりくる。また「ヌンチゲーム」というゲームもあって,日本でいう「たけのこニョッキ」とほぼ同じものであるが,このゲームが下手な人を「空気が読めない」とは言わないだろう。

面白いのは「ヌンチ」というものは,「人」に属するものだということである。「空気」の場合は,「その場の空気を読む」になるが,「ヌンチ」は,「ある人のヌンチを見る」という言い回しになるのである。このことは,韓国語で「ヌンチ」と共起する語がどのようなものかを見ると分かる。

(2) a　상사 눈치를 보아하니 어제 부부싸움 거하게 한 것 같다.
　(上司の様子からして,昨日は相当な夫婦ゲンカだったみたいだ)
　b　남의 눈치 보지 말고 하고 싶은 일을 해라.
　(他人のことは気にせず,やりたいことをやりなさい)
　c　정부 눈치 살피기는 방송사의 오랜 관행이다
　(政府の様子を気にするのは,マスコミの慣行である)
　d　* 교실의 눈치가 심상치 않았다.
　(教室の空気は尋常ではなかった)

(2)a～cの下線部の「ヌンチ」は,それぞれ「상사（上司)」「남（他人)」「정부（政府)」という表現と共起している。一方で(2)dのように「교실(教室)」など,場所を表すことばと一緒に使われるのは不自然である。「ヌンチ」が共起することばは,「だれだれの～」という風に,主に人間,ま

たはそれに準ずる主体を指す名詞なのである。その反面，日本語の「空気」は上記の訳文にもあるように「上司」「他人」など，人しか指せない表現にはつかないのが普通なのである[2)]。

似たような意味で使われているが，韓国語における「ヌンチ」は，目の前の相手の言動や表情，仕草などに基づいて感じ取る情報で，日本語の「空気」は誰か一人ではなく，複数の個人の言動や振る舞いから醸し出される何かに関する情報なのである。つまり「ヌンチ」は「人」に属するもので，「空気」は会話などが行われる「場」に属するものだということである。

本書の表現に置き換えると，韓国人が推し量ろうとする「ヌンチ」が参加者，つまり「モノ」の情報であるのに対して，日本人が推し量ろうとする「空気」は「場」の情報で，複数の個人が関わりあって作り出すものであるという点で「コト」に近い。

そしてこのことは，日本語の様々なテキストにおいてコトの中心となる述語での省略が頻繁に見られる一方で，韓国語では述語ではなく助詞の省略がより目立つという傾向と合わせて考えれば，少なからず象徴的である。

図　日本語の省略傾向（左）と韓国語の省略傾向（右）
※点線は省略された情報を，実線は言語化された情報を表す。

173ページの図を再掲するが，上記の図では，参加者と，それらが一部となっている状況がそれぞれ円と角の丸い四角で記されている。状況とい

---

2)「政府」の場合，「政府の空気が一変した」などのように共起できるが，これは「政府」が主体とも場（組織）とも解釈できるからである。日本語の場合，場としての解釈を強いるような表現を入れて「政府内の空気が…」としても問題ないが，韓国語の場合は不自然になる。

うのは要するに事柄の内容で，典型的には動詞や形容詞などの述語として言語化される。各参加者（円）についている矢印はお互いがどのように働きかけるのかを表すもので，助詞に当る。日本語の場合，多くのテキストで観察される述語省略の傾向は，事柄の情報を省いて参加者の情報を残すというもので，韓国語の場合は事柄の情報は保持して参加者の情報を省くものである。

「モノ」に関する情報と「コト」に関する情報，2種類の中でどちらを言語化し，どちらを推論に任せるのかが日韓では反対であるが，これは上記の「空気」と「ヌンチ」を察することとも通ずるところがある。つまりコミュニケーション・スタイルにおいて，人の役割に関する情報はことばを使って明記し，事柄の内容は他から読みとるというやり方に慣れているのが日本人であるとすれば，事柄の内容は明示し，人の役割については多少抜け落ちていても勘を働かせて感じ取るというやり方に慣れているのが韓国人，という風に考えられるのである。

集団の中の「関係」

このことと関連して示唆的な分析は，韓国の社会心理学者ホ・テギュンの『어쩌다 한국인（たまたま韓国人）』に示されている。韓国と日本は同じく，個人より集団の利益や調和を重んじる「集団主義」の文化圏であるとされる。しかしそれはあくまでも西洋に比べての話であり，同じ集団主義であっても両文化圏は重視するポイントが異なっていて，韓国は「関係志向」の集団主義，日本は「組織志向」の集団主義を示すという。

ホ・テギュンによると，韓国人は一対一の個人関係を重視する傾向があるが，日本人は自分と組織の関係をより重視するのだという。この違いは，様々な状況に応じて複数の自分を使い分けるという社会的対処をする際に顕著に表れる。韓国人の場合，切り替えの基準は自分が「誰といるか」である反面，日本人の場合は「どの集団にいるか」になる。だから韓国人は，相手との関係の性質に応じて異なる自分を使い分けることが求められるのに対して，日本人は，集団の中での位置づけである「役割」に応じて自分を使い分けるというわけである。

これがよく表れている言語現象が，敬語の使い方である。敬語の仕組み自体は日韓で非常によく似ているが，一つ大きな違いは，4.1 節でも紹介した「絶対敬語」と「相対敬語」の差である。絶対敬語といわれる韓国語の場合，敬語の重要な使用基準はどっちが年上なのかだが，日本語の場合は年齢だけでなく「身内かそうでないか」という基準が大きく働く。だから身内に対する敬語の使い方では，日韓でずれが出る。よその会社の人に対して自社の社長の留守を告げる場合，韓国語では「年齢が自分より上の人である」という事実に基づいて社長のことは敬語を使って述べるのが正しいとされる。しかし日本語の場合，「自分と同じ集団に属する人である」ことから社長は敬語の対象から外れるため，「社長は留守にしております」という言い方が正しいことになる。年齢の差は相手と自分の個人的関係の範疇で決まるものだが「身内」という概念は集団を前提にしないと成り立たないものである。その点で日本語の敬語使用は，集団の中の立ち位置という要素に強く影響されていることになる。

日本語でも韓国語でも，行動様式の違いやそれを裏付ける考え方の違いというものをことばの使い方から垣間見ることができる。ことばは人間が社会や文化を維持していく上でなくてはならないものであり，私たちが用いる様々な道具の中でもっとも重要なものと言っても過言ではないだろう。特に思考や文化のように目に見えない抽象的な総体は，ことば以外の手段では表し切れず，次世代に伝えることもかなわない。そのことを踏まえれば，ある言語でどのような使い方があるかを観察することは，言語体系そのものに対する理解のみならず，その使い手がどのように世の中をとらえるかというより大きな疑問を探求する際に重要な切り口となるだろう。人間の考え方も，文化のあり方も，結局のところはことばを通して世に現れ，世を渡っていくことになるからである。

付録　英米ドラマのエピソード別集計

資料番号	タイトル	分数	文字数(日)	文字数(日)*	文字数(韓)	文字数(韓)*	場面(日)	場面(韓)	行数(日)	行数(日)
1	**Ally1_1**	42	**6320**	6426	**8558**	10593	665	693	822	915
	Ally1_2	42	**6518**	6627	**8730**	10742	693	745	865	991
	Ally1_3	43	**7860**	7979	**10086**	12475	767	857	976	1074
	Ally1_4	43	**6189**	6312	**7574**	9449	650	690	805	827
2	**Grey2_1**	41	**5670**	5784	**7240**	8846	655	606	788	901
	Grey2_2	42	**6193**	6287	**7803**	9491	715	621	864	967
	Grey2_3	42	**5565**	5674	**7239**	8829	659	610	794	943
	Grey2_4	42	**6135**	6241	**8053**	9821	677	593	844	977
3	**Sherlock1_1**	87	**11398**	11520	**17689**	21824	1353	1386	1586	2108
	Sherlock1_2	88	**9252**	9338	**13543**	16751	998	1105	1215	1624
	Sherlock1_3	89	**12120**	12266	**17912**	22160	1308	1408	1590	2150
4	**Desperate3_1**	42	**5651**	5802	**7028**	8686	568	543	719	874
	Desperate3_2	42	**5879**	6026	**7132**	8835	590	548	752	875
	Desperate3_3	42	**6023**	6177	**7619**	9463	618	578	784	932
	Desperate3_4	42	**5898**	6034	**7669**	9496	593	570	753	923
5	**TwentyFour1_1**	42	**4419**	4480	**5433**	6703	532	396	613	637
	TwentyFour1_2	40	**3519**	3572	**4646**	5764	432	322	506	532
	TwentyFour1_3	42	**3583**	3647	**4835**	6048	455	338	523	541
	TwentyFour1_4	41	**3649**	3694	**4707**	5869	464	343	536	558
6	**House1_1**	42	**6167**	6234	**7338**	8978	638	564	801	827
	House1_2	41	**6209**	6268	**7383**	9091	663	527	813	826
	House1_3	43	**6356**	6447	**7744**	9533	652	542	812	870
	House1_4	43	**5539**	5580	**6858**	8462	608	484	740	791
7	**Prison1_1**	43	**5248**	5324	**6533**	8069	539	465	674	784
	Prison1_2	42	**3917**	3963	**4867**	6020	422	358	528	602
	Prison1_3	42	**4529**	4581	**5737**	7111	484	445	613	721
	Prison1_4	42	**4403**	4492	**5478**	6766	476	418	587	674
8	**Friends5_1**	22	**2799**	2860	**3561**	4393	320	353	381	493
	Friends5_2	22	**2846**	2925	**4003**	4905	302	383	376	552
	Friends5_3	22	**2803**	2860	**3554**	4339	297	322	387	471

	Friends5_4	22	**3067**	3132	**4290**	5260	314	377	413	554
9	**Mentalist1_1**	44	**5450**	5508	**7727**	9439	602	562	736	893
	Mentalist1_2	43	**5776**	5879	**8288**	10140	571	647	748	1023
	Mentalist1_3	43	**6184**	6308	**8551**	10450	614	735	809	1023
	Mentalist1_4	43	**6177**	6269	**8569**	10323	656	644	834	1059
10	**Lost1_13**	41	**3919**	3996	**4792**	5865	474	511	572	670
	Lost1_14	42	**4269**	4350	**5305**	6533	502	529	624	743
	Lost1_15	40	**3932**	4015	**4669**	5671	442	458	533	614
	Lost1_16	41	**3787**	3854	**4498**	5564	416	483	520	604
	合計	**1697**	**215218**	**218731**	**283241**	**348757**	**23384**	**22759**	**28836**	**34143**

Ally：『アリー・my Love』／Grey：『グレイズ・アナトミー』／Sherlock：『シャーロック』／Desperate：デスパレートな妻たち／TwentyFour：２４／House：『ドクター・ハウス』／Prison：『プリズン・ブレイク』／Friends：『フレンズ』／Mentalist：『メンタリスト』／Lost：『ロスト』

* がついた方は，分かち書き上の空白をカウントした集計である。韓国語は正書法に分かち書きを採用しているので，日韓の情報量を比較するために「空白なし」の「空白あり」の文字数を別々に集計している。

あとがき

本書では，日本語の省略という現象のあり方を身近なテキストを通して解き明かしていくことから始め，日本語と非常に似ている言語である韓国語との対照も試みた。その中で，私たちがコミュニケーションにおいてことばという道具をどう使っているのか，ことばとどのような付き合い方をしているのかという根本的なところにも意識を向けようとした。

空気のように当たり前に思ってきたことばという存在に対して，あえて「トリセツ」的な見方をするのが言語学という学問である。このような見方は，多少なりとも窮屈に感じられるかもしれない。「日本語のこういうところ，ちょっとおもしろいでしょ？」と興奮するも，非言語学専攻の学生たちとの温度差に日々絶望する言語学者としては，ことばを研究することの何が楽しいのかが少しでも伝わるように，身近な現象と身近なテキストの話を分かりやすく紹介しようと努めた。

そのため，これまで言語学及び隣接分野でことばや思考の仕組みを捉えるために用いた概念，用語の定義なども，できるだけ入門者向けにかみ砕いて説明するようにした。一般的にある学問分野の入門書は，必須とされる基本知識から積み上げていくような，体系的な学びのための構成になることが多いが，この本は，なじみ深い現象を切り口として関連知識をちりばめた形に近い。そのような点で，ちょっと斜めな感じの，「邪道な言語学入門」とでも考えていただきたい。

ことばには，「人間が世界をどのように認識しているのか」が反映されている。本書を通して，ことばという道具に対するみなさんの理解または関心が少しでも深まることにつながれば，この上ない幸せである。

参考文献

新井紀子（2018）『AI vs. 教科書が読めない子どもたち』東京：東洋経済新報社.

新井紀子（2019）『AIに負けない子どもを育てる』東京：東洋経済新報社.

新井保裕（2019）「SNSにおける省略現象の日韓対照研究－メディアに現れる『磁石』な日本語と『チェーン』な韓国語－」In: 生越他（2019），63–82.

Bisang, Walter（2016）Finiteness, nominalization, and information structure: Convergence and divergence. In: Claudine Chamoreau and Zarina Estrada-Fernández（eds.）*Finiteness and nominalization*, 13–41. Amsterdam: John Benjamins.

Brown, Penelope and Stephen C. Levinson（1987）*Politeness: Some universals in language usage*. Cambridge: Cambridge University Press.

Bybee, Joan（2006）From usage to grammar: The mind's response to repetition. *Language* 82（4）: 711–733.

チェイフ，ウォーレス（1999）「時間は言語のかたちにどのように影響するか」長野泰彦（編）『時間・ことば・認識』東京：ひつじ書房.

Chuang, Ying-Ting（2006）Studying subtitle translation from a multi-modal approach. *Babel* 52（4）: 372–383.

クルマス，フロリアン（1993）諏訪功・菊池雅子・大谷弘道（訳）『ことばの経済学』東京：大修館書店.

クルマス，フロリアン（2014）『文字の言語学　現代文字論入門』東京：大修館書店.

Dehaene, Stanislas（2009）*Reading in the brain-The new science of how we read*. Penguins books.

Deutscher, Guy（2006）*The unfolding of language: The evolution of mankind's greatest invention*. London: Arrow.

Du Bois, John（1985）Competing motivations, In: Haiman（1985）, 343–365.

Evans, Nicholas（2007）Insubordination and its uses. In: Irina Nokolaeva（eds.）*Finiteness: Theoretical and empirical foundations*, 366–431. Oxford: Oxford University Press.

Evans, Nicholas and Honoré Watanabe（eds.）（2016）*Insubordination*. Amsterdam: John Benjamins.

藤濤文子（2007）『翻訳行為と異文化コミュニケーション－機能主義的翻訳理論の諸相』京都：松籟社.

Givón, Talmy（1979）From Discourse to Syntax: Grammar as a Processing Strategy. In: Talmy Givón（eds.）*Syntax and Semantics, vol. 12: Discourse and Syntax*, 81–112. New York & London: Academic Press.

Givón, Talmy（1990）*Syntax: A functional-typological introduction*, vol. II. Amsterdam: John Benjamins.

Givón, Talmy (2016) Nominalization and re-finitization, In: Claudine Chamoreau and Zarina Estrada-Fernández (eds.) *Finiteness and nominalization*, 272–296. Amsterdam: John Benjamins.

Gottlieb, Henrik (1994) Subtitling: Diagonal translation. *Perspectives* 2 (1) : 101–121.

Haiman, John (eds.) (1985) *Iconicity in syntax*. Amsterdam: John Benjamins.

Haiman, John (1994) Ritualization and the development of language. In: William Pagliuca (eds.) *Perspectives on grammaticalization*, 3–28. Amsterdam: John Benjamins.

Halliday, M. A. K. and Ruqaiya Hasan (1976). *Cohesion in English.* London: Longman.

韓在永 (2001)「韓国語動詞‘하다 (hata)’の総合的検討－資料編－」『筑波大学「東西言語文化の類型論」特別プロジェクト研究成果報告書平成 12 年度別冊「하다」と「する」の言語学』129–633.

韓美卿・梅田博之 (2009)『韓国語の敬語入門－テレビドラマで学ぶ日韓の敬語比較』東京：大修館書店.

Hannas, William C. (1997) *Asia's orthographic dilemma*. Honolulu: University of Hawaii Press.

Haspelmath, Martin (2008) Creating economical morphosyntactic patterns in language change. In: Jeff Good (eds.), *Linguistic universals and language change*, 185–214. Oxford: Oxford University Press.

Haspelmath, Martin. (2011) The indeterminacy of word segmentation and the nature of morphology and syntax. *Folia Linguistica* 45 (1) : 31–80.

Hawkins, John (2004) *Efficiency and complexity in grammars*. Oxford: Oxford University Press.

林四朗 (1982)「臨時一語の構造」『国語学』131: 15–26.

樋口万里子・大橋浩 (2004)「第 4 章　節を超えて：思考を紡ぐ情報構造」大堀壽夫 (編)『認知コミュニケーション論』101–136. 東京：大修館書店.

堀江薫・金廷珉 (2011)「日韓語の文末表現に見る語用論的意味変化—機能主義的類型論の観点から—」高田博行・椎名美智・小野寺典子 (編)『歴史語用論入門：過去のコミュニケーションを復元する』193–207. 東京：大修館書店.

堀江薫・プラシャント・パルデシ (2009).『認知言語学のフロンティア 5　言語のタイポロジー－認知類型論のアプローチー』東京：研究社.

Hopper, Paul J. and Elizabeth Closs Traugott (2003) *Grammaticalization*. Cambridge: Cambridge University Press.

Hopper, Paul J. and Sandra A. Thompson (1985) The Iconicity of the universal categories ‘noun’ and ‘verbs’. In: Haiman (1985), 151–183.

李翊燮・李相億・蔡琬 (2004)『韓国語概説』東京：大修館書店.

井出祥子・植野貴志子 (2012)「場の理論で考える配慮言語行動」三宅和子・野田尚史・生越直樹 (編)『「配慮」はどのように示されるか』東京：ひつじ書房.

井上優・金河守 (1998)「名詞述語の動詞性・形容詞性に関する覚え書—日本語と韓国語の場合」『筑波大学「東西言語文化の類型論」特別プロジェクト研究報告書平成 10 年度』Part II: 455–470.

石黒圭（2014）「指示語にみるニュースの話し言葉性」In: 石黒・橋本（2014）115–135.

石黒圭・橋本行洋（編）（2014）『話し言葉と書き言葉の接点』東京：ひつじ書房.

石井正彦（2007）『現代日本語の複合語形成論』東京：ひつじ書房.

Iwasaki, Shoichi（2015）A multiple-grammar model of speakers' linguistic knowledge. *Cognitive Linguistics* 26（2）: 161–210.

樺島忠夫（1979）『日本語のスタイルブック』東京：大修館書店.

角山照彦（2008）「映画を活用したディクテーション演習の効果について：英語教育における日本語字幕の影響の有無と今後の課題」『英米文化』38: 95–115.

影山太郎（1993）『文法と語形成』東京：ひつじ書房.

Kanizsa, Gaetano（1979）*Organization in vision: Essays on Gestalt perception.*［G. カニッツァ（著）野口薫（1985 監訳）『視覚の文法：ゲシュタルト知覚論』東京：サイエンス社］.

金智賢（2019）「日本語と韓国語のウナギ文」In: 生越他（2019），48–62.

Kim, Mary（2011）. The functional polysemy of the Korean discourse marker mak: Variant functions under an invariant meaning. In: William McClure and Marel den Dikken（eds.）*Japanese/Korean Linguistics* 18: 31–42. Stanford: CSLI.

金水敏（2003）『ヴァーチャル日本語 役割語の謎』東京：岩波書店.

小林敏彦（2000）「洋画の字幕翻訳の特徴とその類型」『小樽商科大学人文研究』100: 27–82.

今野弘章（2012）「イ落ち：形と意味のインターフェイスの観点から」『言語研究』141: 5–31.

小山哲春・甲田直美・山本雅子（2016）『認知日本語学講座第 5 巻 認知語用論』東京：くろしお出版.

窪薗晴夫（1995）『語形成と音韻構造』東京：くろしお出版.

熊田亘（1994）『新聞の読み方上達法』東京：ほるぷ出版.

久野暲（1978）『談話の文法』東京：大修館書店.

久野暲（1982）『談話の構造―日・英語 講座日本語学 12』東京：明治書院.

Lambrecht, Knud（1994）*Information structure and sentence form*. Cambridge: Cambridge University Press.

Levinson, Stephen C.（2000）*Presumptive meanings: the theory of generalized conversational implicature*. Cambridge, MA: MIT Press.

益岡隆志・田窪行則（1992）『基礎日本語文法－改訂版－』東京：くろしお出版.

松林薫（2016）『新聞の正しい読み方』東京：NTT 出版.

メイナード，泉子 K（2004）『談話言語学　日本語のディスコースを創造する構成・レトリック・ストラテジーの研究』東京：くろしお出版.

Merchant, Jason（2004）Fragments and ellipsis. *Linguistics and Philosophy* 27: 661–738.

Mithun, Marianne（2008）The extension of dependency beyond the sentence. *Language* 84（1）: 69–119.

Mithun, Marianne（2016）How fascinating! Insubordination exclamations, In: Evans &

Watanabe (2016), 367–391.
茂木俊伸・森篤嗣（2006）「テノ名詞句の意味と形式」『世界の日本語教育』16: 139–153.
森庸子 (2002)「3 モーラ複合語略語の生成要因－若者のキャンパスことばから」『音声研究』6（1）: 121–137.
Narrog, Heiko (2016) Insubordination in Japanese diachronically, In: Evans & Watanabe (2016), 247–281.
Narrog, Heiko (2017) Typology and grammaticalization, In: Alexandra Yurievna, Aikhenvald and R.M.W. Dixon (eds.), *The Cambridge handbook of linguistic typology*, 151–177. Cambridge: Cambridge University Press.
Newmeyer, Frederick J. (2003) Grammar is grammar and usage is usage. *Language* 79 (4) : 682–707.
日本映像翻訳アカデミー（2011）『はじめての映像翻訳』東京：アルク.
日本語記述文法研究会（編）（2003）『現代日本語文法』①〜⑦. 東京：くろしお出版.
野口崇子（2002）「『見出し』の文法――解読への手引きと諸問題」『講座日本語教育』38: 94–124.
生越直樹（2002）「日本語・朝鮮語における連体修飾表現の使われ方―『きれいな花！』タイプの文を中心に―」『シリーズ言語科学 4 対照言語学』75–98. 東京：東京大学出版会.
生越直樹・尹盛熙・金智賢・新井保裕（2018）「省略現象から見えてくること－『磁石』な日本語と『チェーン』な韓国語－」『社会言語科学会第 42 回発表論文集』236–245.
生越直樹・尹盛熙・金智賢・新井保裕（2019）『日韓両語の『省略』は何を語るか－言語の個別性と普遍性に向けて』科研費成果報告公開シンポジウム資料集.
呉守鎮・堀江薫・金廷珉（2015）「韓国語の文字テロップにおける『連体終止形』－実例に基づく機能分類を目指して」『동북아문화연구』44: 311–335.
Ohori, T. (1995) Remarks on suspended clauses: a contribution to Japanese phraseology, In: Masayoshi Shibatani and Sandra A. Thompson (eds.) *Essays in semantics and pragmatics*, 208–218. Amsterdam: John Benjamins.
大堀壽夫（2002）『認知言語学』東京：東京大学出版会.
大堀壽夫（2005）「日本語の文法化研究にあたって－概観と理論的課題－」『日本語の研究』1 (3) : 1–17.
奥津敬一郎（2007）『連体即連用？日本語の基本構造と諸相』東京：ひつじ書房.
Ong, Walter J. (1982) *Orality and Literacy 3rd edition*. London: Routeledge.
大塚高信（1938）『英文法論考－批判と実践』研究社.
Quirk, Randolph, Sidney Greenbaum, Geoffrey Leech and Jan Svartvik (1985) *A Comprehensive grammar of the English language*. London: Longman.
Rhee, Seongha (2020) The power of the unspoken: Ellipsis and grammaticalization in Korean and beyond. *Studies in Linguistics* (56) : 1–36.

定延利之（2011）『日本語社会　のぞきキャラくり』東京：三省堂.
定延利之（2014）「話し言葉が好む複雑な構造」In: 石黒・橋本（2014），13–36.
定延利之（2016）『コミュニケーションへの言語的接近』東京：ひつじ書房.
斎藤純男（2010）『言語学入門』三省堂.
Shannon, Claude E., and Warren Weaver. 1949 The mathematical theory of communication. Urbana: University of Illinois Press.［C. E. シャノン，W. ウィーヴァー（著），長谷川淳・井上光洋（1969 訳）『コミュニケーションの数学的理論－情報理論の基礎－』東京：明治図書.］
島村礼子（2014）『語と句と名付け機能 日本語の「形容詞＋名詞」形を中心に』東京：開拓社.
清水俊二（1983）「字幕スーパーの文法」『言語生活』384: 54–60.
篠原有子（2012）「映画字幕は視聴者の期待にどう応えるか」『通訳翻訳研究』12: 209–228.
新屋映子（2014）『日本語の名詞志向性の研究』東京：ひつじ書房.
白川博之（2009）『「言いさし文」の研究』東京：くろしお出版.
Slobin, Dan I.（2004）*The many ways to search for a frog: Linguistic typology and the expression of motion events.* In: Sven Strömqvist and Ludo Verhoeven（Eds.）*Relating events in narrative: Typological and contextual perspectives*, 219–257. Mahwah, New Jersey: Lawrence Erlbaum.
Stainton, Robert（2006）*Words and thoughts: Subsentences, ellipsis, and the philosophy of language*. Oxford University Press.
杉村泰（2002）「格助詞で終わる文について：『～を / が～に』構文と『～に～を』構文」『ことばの科学』15: 235–250.
砂川有里子（2006）「『言う』を用いた複合辞－文法化の重層性に着目して―」藤田保幸・山崎誠（編）『複合辞研究の現在』東京：和泉書院.
Suzuki, Ryoko（1998）From lexical noun to an utterance-final pragmatic particle: *Wake*. In: Toshio Ohori（eds.）*Studies in Japanese grammaticalization*, 67–92. Tokyo: Kurosio Publisher.
Taylor, Insup and M. Martin Taylor（1995）*Writing and literacy in Chinese, Korean and Japanese*. Amsterdam: John Benjamins.
高橋太郎（1993）「省略によってできた述語形式」『日本語学』12（10）: 18–26.
滝浦真人（2014）「話し言葉と書き言葉の語用論　日本語の場合」In: 石黒・橋本（2014）75–92.
田中ゆかり（2014）「ヴァーチャル方言の 3 用法『打ちことば』を例として」In: 石黒・橋本（2014）37–55.
寺沢拓敬（2012）「『日本人はハイ・コンテクスト文化，〇〇人はローコンテクスト文化』論にまつわる誤解」［https://news.yahoo.co.jp/byline/terasawatakunori/20210118-00218100/］
塚本秀樹（2012）『形態論と統語論の相互作用－日本語と朝鮮語の対照言語学的研究－』東京：ひつじ書房.

Van Craenenbroeck, Jeroen and Tanja Temmerman（eds.）（2019）*The Oxford Handbook of ellipsis*（*Oxford Handbooks in Linguistics*）. Oxford: Oxford University Press.

鷲尾龍一（2001）「하다・되다を日本語から見る」『筑波大学「東西言語文化の類型論」特別プロジェクト研究成果報告書平成 12 年度別冊「하다」と「する」の言語学』27–52.

Wilson, Peter（2000）*Mind the Gap: Ellipsis and stylistic variation in spoken and written English.* Harlow, Essex: Pearson Education.

山口治彦（2007）「役割語の個別性と普遍性－日英の対照を通して－」金水敏（編）『役割語研究の地平』9–25. 東京：くろしお出版.

山本和英・池田諭史・大橋一輝（2005）「『新幹線要約』のための文末の整形」『自然言語処理』12（6）: 85–111.

尹盛熙（2015）「新聞見出しにおける日韓の省略と縮約—形式的違いを中心に—」『日本學報』104: 33–50.

尹盛熙（2016a）「日本語の翻訳字幕における省略・縮約の実現 - 韓国語との対照分析」『社会言語科学』18（2）: 19–36.

尹盛熙（2016b）「省略現象の対照分析に向けて－現状と今後の課題」『国際学研究』5（1）: 121–128.

尹盛熙（2017a）「日本語の述語における機能語の省略について」『社会言語科学会第 39 回大会発表論文集』98–101.

尹盛熙（2017b）「述部に見られる『機能』と『役割』－ TV アニメにおける機能語の省略」『日本語用論学会 第 20 回大会発表論文集』177–182.

尹盛熙（2019）「『省きましたが何か？』日韓の省略・述語・テキスト」In: 生越他（2019），39–47.

尹盛熙（2021）「日本語と韓国語における述語の不完全性－情報伝達の観点から－」岡部玲子・八島純・窪田悠介・磯野達也（編）『言語研究の楽しさと楽しみ 伊藤たかね先生退職記念論文集』東京：開拓社.

油谷幸利（2005）『日韓対照言語学入門』白帝社.

Zipf, George Kingsley（1949）*Human behavior and the principle of least effort: An introduction to human ecology*. Cambridge, Mass.: Addison-Wesley Press.

백승익（ベク・スンイク）（2014）「매스미디어가 텍스트와 신조어에 미치는 영향 : 매개적 분기를 중심으로（マスメディアがテキストと新造語に及ぼす影響：媒介的分岐を中心に）」『언어』39（1）: 67–108.

허태균（ホ・テギュン）（2015）『대한민국 사춘기 심리학 어쩌다 한국인（大韓民国思春期心理学 たまたま韓国人）』서울：중앙북스.

장은경（チャン・ウンギョン）（2010）「인터넷 신문 헤드라인（headline）의 표현 형식（インターネット新聞ヘッドラインの表現形式）」『한민족문화연구』34: 139–164.

정희자（チョン・ヒジャ）（2009）『담화와 문법 그리고 의미（談話と文法そして意味）』서울 : 한국눈화사.

조혜민・강범모（チョ・ヘミン，カン・ボンモ）（2013）「상징어의 사용과 의미 : 신문 기사 제목 코퍼스에 기초한 연구（象徴語の使用と意味：新聞記事題目コーパスに基づいた研究）」『한국어의미학』40: 191–218.
주형일（チュ・ヒョンイル）（2000）「커뮤니케이션 메시지의 생산과 수용에 대한 매체기호학적 연구를 위한 제언（コミュニケーションメッセージの生産と受容に対する媒体記号論的研究のための提言）」『한국언론정보학보』15: 75–115.
강지혜（カン・ジヒェ）（2006）「자막 번역과 언어 사용의 경제성（字幕翻訳と言語使用の経済性）」『텍스트언어학』21: 23–53.
강연임（カン・ヨニム）（2005）『한국어 담화와 생략（韓国語談話と省略）』서울 : 이회문화사.
김인자（キム・インジャ）（1994）「합성명사의 텍스트 압축 기능에 대한 화용적 고찰 - 한국어，독일어 일간신문 기사를 중심으로（合成名詞のテキスト圧縮機能に対する語用論的考察－韓国語，ドイツ語日刊紙記事を中心に）」『텍스트언어학』2: 109–137.
김광해（キム・クァンヘ）（1998）「한자어의 의미론（漢字語の意味論）」『의미론 연구의 새 방향』서울 : 박이정.
김해연（キム・ヘヨン）（2009）「합성명사의 형성과 번역의 언어적 동기（合成名詞の形成と翻訳の言語的動機）」『담화와 인지』16（1）: 1–23.
김혜정（キム・ヘジョン）（2002）「신문 표제어의 텍스트양상 연구 – 명사 조어와 생략현상을 중심으로 –（新聞表題語のテキスト様相研究－名詞造語と省略現象を中心に－）」『선청어문』25: 53–78.
이금희（イ・クムヒ）（2020）「한국어 동사의 문법화에 대하여 – 조사화와 어미화를 함께 일으키는 동사 중심으로 –（韓国語同士の文法化について – 助詞化と語尾化を共に起こす動詞を中心に –」『담화와 인지』27（1）: 209–227.
문숙영（ムン・スギョン）（2015）「한국어 탈종속화의 한 종류」『한국어학』69: 1–39.
박윤철（パク・ユンチョル）（2011）『영상자막번역과 두 줄의 미학（映像字幕翻訳と 2 行の美学）』서울 : 한국문화사.
이선웅（イ・ソンウン）（2009）「대중매체 언어 연구의 현황과 과제 – 신문，방송，인터넷 통신 언어에 대한 최근 연구를 중심으로（マスメディア言語研究の現状と課題 – 新聞，放送，インターネット通信言語に関する最近の研究を中心に）」『어문학』103: 117–142.
윤성희（ユン・ソンヒ）（2017）「일본어와 한국어의 명사연결구성 – 헤드라인에 나타난 ‘주체’ 와 ‘사건’ 에 대하여 –（日本語と韓国語の名詞連結構成 – 見出しにおける「主体」と「事件」について –）」『日本學報』112: 45–67.

[著者紹介]

尹　盛熙（ゆん・そんひ）

関西学院大学教授。韓国梨花女子大学校数学科卒，韓国外国語大学校通訳翻訳大学院修士課程修了，東京大学大学院総合文化研究科言語情報科学専攻修士・博士課程修了。博士（言語学）。日韓国際会議通訳，NHK ラジオ国際放送局朝鮮語アナウンサー，関西学院大学言語教育研究センターの朝鮮語常勤講師を経て2010 年 4 月より同大学国際学部勤務。主要業績：「日本語の翻訳字幕における省略・縮約の実現 - 韓国語との対照分析」（『社会言語科学』18-2, 2016）など多数。

ことばの「省略（しょうりゃく）」とは何（なに）か

NDC801／viii, 225p／21cm

初版第1刷 ――― 2021年9月10日

著者――――尹盛熙（ゆんそんひ）
発行者――――鈴木一行
発行所――――株式会社 大修館書店
〒113-8541 東京都文京区湯島2-1-1
電話03-3868-2651（販売部） 03-3868-2292（編集部）
振替00190-7-40504
[出版情報] https://www.taishukan.co.jp

装丁者――――岡崎健二
組版――――明昌堂
印刷所――――三松堂
製本所――――ブロケード

ISBN978-4-469-21386-7 Printed in Japan